SCHOKOLADEN-KUCHEN

SCHOKOLADEN-
KUCHEN

Victoire Paluel-Marmont
Fotos: Marie-Pierre Morel

Styling: Sophie Morel

AT Verlag

VORWORT

....

Schokoladenkuchen sind ein köstliches Familiendessert, das von allen die höchste Punktzahl bekommt, ein generationenübergreifender Genuss, ein kulinarisches Vergnügen, dem vorübergehende Moden nichts anhaben können. Mit nichts weiter als Schokolade, Zucker, Butter, Mehl und Eiern macht man die ganze Tischrunde glücklich.

Für Schokoladenkuchen gibt es ebenso viele Rezepte und Backgeheimnisse wie Köchinnen und Bäcker — Nachwuchsköchin, Familienmutter, die liebe Tante, der bewunderte Gatte, der Sternekoch … — und was den Unterschied ausmacht, ist oft nur ein bisschen Improvisation.

Doch es ist schwierig, in der Backkunst zu improvisieren, denn es handelt sich um ein überaus präzises Handwerk. Dieses kleine Buch ist das Ergebnis zahlreicher Experimente auf dem Gebiet der Physik und Chemie der Küche und möchte Ihnen vermitteln, warum Ihr Kuchen mal mehr, mal weniger luftig, mal besonders saftig oder mal kompakter ist …

In der Regel beschränken sich die Kochbücher auf die geschmackliche und künstlerische Seite der Kochkunst und lassen Koch und Köchin mit ihren Fragen, Beobachtungen und Mutmaßungen allein. Das fängt schon mit den Rezeptnamen an, die es unmöglich machen, im Voraus Konsistenz oder Geschmack eines Kuchens zu erahnen. Man begibt sich also ohne die leiseste Vorstellung an die Herstellung eines Kuchens und kann nur hoffen, dass er dem entspricht, worauf man im Moment Lust hat oder was man seinen Gästen servieren will.

Deshalb möchte ich Ihnen mit diesem Buch die Kenntnisse darüber vermitteln, wie man ein Rezept lesen muss, um es wirklich zu verstehen und zu entschlüsseln. Darüber hinaus präsentiere ich Ihnen 17 Rezepte für verschiedene Schokoladenkuchen-Typen unterschiedlicher Konsistenzen und Texturen. So können Sie vor dem Hintergrund des neu erworbenen Wissens genau den Kuchen auswählen, nach dem Ihnen gerade der Sinn steht.

....

INHALT

KÖSTLICHE VARIANTEN 83

ANHANG 103

KLEINES LEXIKON DES SCHOKOLADENKUCHENS

»Ein Fondant, mit weichem Kern, der fließt, wenn man ihn anschneidet.« Was will uns dieser Satz sagen? Handelt es sich um einen Fondant, einen Moelleux, einen Coulant oder einfach nur um einen Kuchen, der nicht durchgebacken ist? Damit Sie sich mit den unterschiedlichen Bezeichnungen zurechtfinden und wissen, um welchen Kuchen es sich bei welchem Rezept handelt, hier die typischen Eigenschaften der unterschiedlichen Schokoladenkuchen-Varianten.

Moelleux (»Der Weiche«)

Ein weicher, luftiger und saftiger Kuchen, dessen Konsistenz an einen Schwamm erinnert. Die Eier werden getrennt, und der Eischnee wird separat unter den Teig gezogen.

Fondant (»Der Schmelzende«)

Von kompakter Konsistenz und zartem Schmelz dank einer ordentlichen Portion Butter und zahlreichen Eigelben, oft langsam bei niedriger Temperatur im Wasserbad gegart, was zum Karamellisieren der Zutaten führt.

Coulant (»Der Flüssige«)

Kuchen mit einem flüssigen Kern, je nach Rezept durch eine Füllung aus einer separat zubereiteten Masse, die bei Zimmertemperatur flüssig bleibt (oft reine Schokolade), oder durch verkürzte Backzeit, sodass der Teig innen nicht ganz durchgart, sondern halbflüssig bleibt. Für den Coulant verwendet man weniger Butter als für den Fondant. Das Rezept auf Seite 66 stammt von Michel Bras aus seinem Restaurant in Laguiole.

Brownies

Ein großer Klassiker der amerikanischen Küche. Ein saftiges, aber kompaktes Gebäck mit knuspriger Kruste und einem weichen Kern, zubereitet mit Wal-, Pekan-, Hasel- oder anderen Nüssen. Die Eier werden ungetrennt in den Teig gerührt.

Schokoladenbiskuit

Gebäck von leichter, trockener und feiner Konsistenz. Die Grundlage von Biskuitrollen (-rouladen), die man beispielsweise mit Konfitüre füllt.

Fudge (»Der Karamellige«)

Charakteristisch sind das ausgeprägte Karamellaroma und die weiche, schmelzende Konsistenz. Durch seine lange Backzeit karamellisiert dieser Kuchen (für ein besonderes Aroma hier mit Vollmilchschokolade zubereitet).

Schokoladen-Rührkuchen

Dieser lockere, luftige Kuchen, mit Backpulver und oft auch mit Kakaopulver zubereitet, ist von gleichmäßiger, eher trockener Konsistenz und lässt sich mühelos, ohne zu zerbrechen, aus der Form stürzen. In Cakeform gebacken, platzt die Kruste der Länge nach auf.

Mousseux (»Der Cremige«)

Eine Art heiße Creme mit luftiger, sehr feuchter Konsistenz. Besonderheit: der Gegensatz zwischen eher dicker, knuspriger Kruste und nur knapp gegartem Kern. Im Mund spürt man die luftige Textur – im Gegensatz zum Wolkenkuchen, der einem das Gefühl gibt, in eine Ansammlung von Luftbläschen zu beißen.

Wolkenkuchen

Ein himmlisch lockerer Rührkuchen, trockener und homogener als der Mousseux und ohne Kruste, dafür aber mit besonders intensivem Schokoladenaroma. Man hat das Gefühl, in eine Schokoladenwolke zu beißen.

Königin von Saba

Der Farbe und Zartheit der Haut der sagenumwobenen Herrscherin verdankt dieser elegante Kuchen wohl seinen Namen. Das Besondere: gemahlene Mandeln, die mit der Schokolade eine himmlische Allianz bilden. Der Kern des Kuchens ist feucht, aber nicht flüssig.

Schokoladenparfait

Gefrorene, nicht gebackene, eiscremeähnliche Schokoladenzubereitung. Das Rezept verlangt Rahm, kein Mehl und einige Stunden im Tiefkühler.

Schokoladen-Marquise

Schokoladenzubereitung, die nicht gebacken, sondern über Nacht im Kühlschrank fest wird. Eine leichte, cremige Mousse mit reichlich Butter und Zuckerkristallen.

GRUNDLAGEN

*Ein Kuchen gründet auf dem perfekten Gleichgewicht von zwei Dingen:
auf der einen Seite Mehl und Eiweiß, die dem Kuchen Struktur und Form geben,
auf der anderen Seite Zucker, Butter und Eigelb, die ihm Zartheit
und Schmelz verleihen. Ohne das Zweite käme kein Schokoladenkuchen,
sondern eine Art Schokoladenbaguette aus dem Ofen.*

SCHOKOLADE

Schokolade besteht hauptsächlich aus Kakaomasse, Kakaobutter und Zucker. Sie ist reichhaltig, aber auch reich an wertvollen Nährstoffen und enthält außerdem Ballaststoffe, Vitamine und Mineralstoffe (Magnesium, Phosphor, Kalium, Eisen, Kalzium). 100 g Zartbitterschokolade (70 bis 85 %) enthalten: 46 g Kohlenhydrate (davon 11 g Ballaststoffe), 7,8 g Eiweiß, 43 g Fett (davon 24 g gesättigte Fettsäuren), 2 mg Cholesterin, 12 mg Eisen, 715 mg Kalium, 228 mg Magnesium, 73 mg Kalzium, 20 mg Natrium, 1,9 mg Mangan, 1,3 mg Kupfer, 2 g Wasser. Der Kaloriengehalt beträgt 559 kcal.

Schokolade hat zahlreiche positive Eigenschaften:

Sie gibt Energie. Theobromin (ein Psychostimulans) und Koffein erhöhen die Ausschüttung von Ephedrin, eines mit Adrenalin verwandten Hormons.

Sie wirkt aphrodisierend. Das Molekül Phenylethylamin (PEA) regt in der Hirnanhangdrüse die Bildung von Dopamin an, einen Neurotransmitter, der auch als Glückshormon gilt.

Sie verlangsamt die Alterung. Vitamin E und Flavonoide sind Antioxidantien, die wie Obst und Gemüse freie Radikale neutralisieren.

Sie ist dank der enthaltenen Flavonoide gut fürs Herz. Polyphenole wirken sich positiv auf unsere Gesundheit aus, da sie die Stressoxidantien in unserem Gewebe in Grenzen halten und damit das Risiko kardiovaskulärer Erkrankungen senken.

Sie wirkt dank des enthaltenen Magnesiums muskelentspannend.

Dank des in winzigen Mengen in ihr enthaltenen körpereigenen Anandamids, das einen cannabisähnlichen Effekt hat, wirkt sie euphorisierend. Zudem führt Schokoladengenuss zur Ausschüttung von Endomorphinen, die euphorisierend und beruhigend wirken wie Opium.

Wussten Sie, dass vier Stückchen Schokolade so viel Koffein enthalten wie ein Espresso?

Die Unterschiede zwischen Zartbitter-, Vollmilch- und weißer Schokolade

Zartbitterschokolade ist die dunkelste Schokoladenvariante. Sie ist eine Mischung aus Kakaomasse, Kakaobutter und Zucker. Der Kakaoanteil beträgt mindestens 34 %. Im Trend sind heute Bitterschokoladen mit bis rund 90 % Kakaoanteil.

Vollmilchschokolade erhält man durch die Beifügung von Milchpulver oder Milchkonzentrat und Zucker. Der Kakaoanteil beträgt unter 40 %, laut EU-Vorschriften jedoch mindestens 25 %.

Weiße Schokolade besteht aus Kakaobutter, Zucker, Milch und Aromen. Weiße Schokolade enthält keine Kakaomasse.

In Europa essen die Bewohner der nördlichen und alpinen Länder am meisten Schokolade, weniger die Südeuropäer. Den höchsten Pro-Kopf-Verbrauch haben die Deutschen mit 11,16 kg pro Jahr.

Schokoladenverbrauch

In ausgewählten Ländern 2006
(in kg/Jahr/Bewohner)

1.	Deutschland	11,16
2.	Großbritannien	10,29
3.	Schweiz	10,05
4.	Belgien	9,25
5.	Norwegen	8,76
6.	Österreich	8,22
7.	Dänemark	7,65
8.	Irland	7,64
9.	Frankreich	7,07
10.	Finnland	6,92
11.	Schweden	6,46
12.	Australien	5,72
13.	USA	5,45
14.	Italien	3,90
15.	Kanada	3,90
16.	Polen	3,79
17.	Spanien	3,30
18.	Griechenland	3,27
19.	Niederlande	3,18
20.	Japan	2,23
21.	Brasilien	2,16
22.	Portugal	1,18
23.	China	0,12

(Quelle: CAOBISCO ICA)

Wie wählt man die richtige Schokolade?

Die Qualität einer Schokolade ist an den Zutaten ablesbar. Gute Zart-bitterschokolade enthält nichts außer Kakaomasse, Kakaobutter, Zucker und etwas Lecithin, das als Emulgator die Bestandteile verbindet. Je mehr Kakaomasse und je weniger Zucker die Schokolade enthält, desto markanter ist der Geschmack.

Schokolade mit hohem Kakaoanteil macht die Zubereitungen fest, eine mit geringem Kakaoanteil geschmeidiger. Die Rezepte in diesem Buch sind für Zartbitterschokolade mit einem Kakaoanteil von 70 % konzipiert.

Wie schmilzt man Schokolade?

Immer nur bei niedriger Temperatur. Bei großer Hitze kann die Schokolade verbrennen und verändert so Geschmack und Konsistenz. Die klassische Methode ist das Schmelzen im Wasserbad, aber in der Mikrowelle funktioniert es ebenso gut:

Im Wasserbad: Eine Schüssel über einen Topf mit kochendem Wasser setzen, die Temperatur reduzieren, die zerkleinerte Schokolade in die Schüssel geben und unter gelegentlichem Rühren schmelzen. Der Schmelzvorgang ist je nach Kakaoanteil unterschiedlich. Vollmilch- und weiße Schokolade muss man ständig rühren.

In der Mikrowelle (bei ca. 350 Watt): Die zerkleinerte Schokolade zwischen 1 und 4 Minuten auf niedriger Stufe (eventuell Auftaustufe) erwärmen. Zartbitterschokolade zwischendurch immer wieder umrühren, bis sie geschmolzen ist. Vollmilch- und weiße Schokolade mindestens alle 90 Sekunden umrühren.

Der *Induktionsherd* ermöglicht ein langsames Schmelzen ähnlich dem Wasserbad – aber nie aus den Augen lassen.

Warum ist Schokolade vor der Weiterverarbeitung zu zerkleinern?

Kleine Schokoladenhobel oder Stückchen schmelzen schneller und bei niedrigerer Temperatur. Man kann die Schokolade mit dem Messer hacken oder, einfacher und schneller, in der Küchenmaschine zerkleinern. Zum Reiben sollte Schokolade möglichst kalt und hart sein, denn beim Reiben erwärmt sie sich, schmilzt und bleibt an der Reibe kleben.

Wie bewahrt man Schokolade auf?

Am besten an einem trockenen, dunklen Ort. Aber nicht im Kühlschrank! Dort bekommt sie weiße Flecken.

EIER

Das Ei besteht aus Schale, Eigelb (Dotter) und Eiweiß (Eiklar). Die spiralig gedrehte Hagelschnur dient dazu, das Eidotter in der Mitte zu halten. Die Schale schützt das Innere vor Bakterien.

Seine besonderen Eigenschaften verdankt das Ei seinem hohen Proteingehalt (in Eiweiß und Eigelb) sowie den im Eigelb enthaltenen Emulgatoren. Das Ei wirkt wie eine Art »Zement«: Beim Erhitzen verfestigt es sich und hält die Form auch nach Abschluss des Garvorgangs.

100 g Ei (88 % davon sind essbar, also ohne Schale) enthalten: 75,8 g Wasser, 12,6 g Eiweiß, 0,8 g Kohlenhydrate, 9,9 g Fett (davon 37 % gesättigte Fettsäuren, 46 % einfach gesättigte Fettsäuren, 17 % mehrfach gesättigte Fettsäuren), 500 mg Vitamine (A, E, K, B_1, B_2, B_3, B_5, B_9, B_{12}), 0,9 g Spurenelemente und 4 mg Mineralstoffe (Eisen, Kalzium, Magnesium, Phosphor, Kalium, Natrium, Zink, Kupfer, Selen, Jod). Der Kaloriengehalt beträgt 147 kcal.

In Europa muss jedes Ei mit einem Code bedruckt werden. Die erste Ziffer bezieht sich auf die Art der Haltung: 0 steht für bio, 1 für Freilandhaltung, 2 für Bodenhaltung und 3 für Käfighaltung. Die beiden folgenden Buchstaben stehen für das Land: DE für Deutschland, FR für Frankreich usw. Die beiden letzten Zeichen geben die Nummer des Produzenten und somit die Produktionsstätte an und möglicherweise die Legebatterie. Direkt beim Erzeuger gekauft, müssen die Eier diesen Code nicht tragen.

Rolle von Eiweiß und Eigelb

Eiweiß besteht zu 90 % aus Wasser und zu 10 % aus Proteinen, darunter Ovalbumin, das festigend wirkt. Ovalbumin macht den Teig stabil und dicht, was besonders bei Kuchen nützlich ist, die sich schlecht aus der Form lösen. Eiweiß gerinnt bei 60 Grad, noch vor dem Eigelb.

Eigelb enthält 50 % Wasser, 33 % Fett und 17 % Proteine, darunter Lecithin, das als Emulgator wirkt und die Zutaten miteinander verbindet. Das Eigelb sorgt für Geschmeidigkeit. Eigelb gerinnt bei 65 Grad.

Die unterschiedliche Färbung des Eidotters beruht allein auf der Ernährung des Huhns. Je mehr Mais und Grünanteile wie Luzerne (die reich am Pflanzenfarbstoff Xanthophyll ist, einem Pigment aus der Familie der Karotine) das Futter enthält, desto gelber bzw. orangefarbener ist das Dotter – und desto aromatischer schmeckt das Ei.

Gewichtsklassen

Eier werden nach Gewicht in Klassen eingeteilt.

Klein: 42–48 g
Mittel: 49–55 g
Groß: 56–63 g

Das Eiweiß macht rund 60 % des Gewichts aus, bei einem Ei mittlerer Größe sind das 30 g. In den Rezepten dieses Buches werden Eier mittlerer Größe verwendet.

Wie erkennt man, ob ein Ei frisch ist?

Eier dürfen nicht befruchtet und sollten möglichst frisch sein, also maximal 28 Tage nach dem Legedatum. Beim Aufschlagen stellt man fest, dass das Dotter von zäherem Eiweiß umgeben ist, während rundherum flüssiges Eiweiß verläuft. Die Menge dieses flüssigen Eiweißes ist ein Hinweis auf die Frische, denn je älter das Ei ist, desto mehr verflüssigt sich das zähe Eiklar (siehe Foto gegenüber). Je trüber das Eiweiß ist, desto frischer das Ei. Auch die Schwimmprobe funktioniert: Legen Sie das Ei ins Wasser – ist es frisch, sinkt es zu Boden.

Die Frische ist besonders wichtig, wenn Eier roh verarbeitet werden (z.B. für Parfait oder Marquise).

Werden mehrere Eier verarbeitet, schlägt man sie separat in eine Tasse auf und gibt sie erst dann zusammen, um nicht durch ein verdorbenes Ei alle anderen zu verunreinigen.

Warum verarbeitet man Eier am besten zimmerwarm?

Je niedriger die Temperatur, desto weniger können sich die Oberflächenspannung erzeugenden Proteine entfalten. Bei Raumtemperatur verbinden sich die Proteine viel leichter mit den beiden unterschiedlichen Phasen (Fettphase und Wasserphase), und es entstehen wirksamere Bindungen.

Wie bewahrt man Eier auf?

Ganze, also nicht angebrochene Eier bei konstanter Raumtemperatur lagern. Im Sommer empfiehlt sich jedoch der Kühlschrank. Das Mindesthaltbarkeitsdatum ist auf die Schale aufgedruckt.

Aufgeschlagene Eier lassen sich luftdicht verschlossen im Kühlschrank 4 Tage und tiefgekühlt 4 Monate aufbewahren. Zum Auftauen über Nacht in den Kühlschrank stellen oder den Behälter unter kaltes Wasser halten. Aufgetaute Eier nur für Kuchen verwenden, die vollständig durchgebacken werden.

Wie bewahrt man Eigelb auf?

Eigelb lässt sich – mit 1 Teelöffel Wasser vermischt – in einem mit Folie abgedeckten Behälter höchstens 24 Stunden im Kühlschrank lagern. Das größte Problem ist die Austrocknung, denn es bildet sich eine Haut auf dem Eigelb, die die Weiterverarbeitung beeinträchtigt.

Welches Ei ist das frischere?

Eigelb lässt sich auch einfrieren. Davor aufschlagen und etwas Salz oder Zucker hinzufügen, um ein Gerinnen zu verhindern.

Ein Kuchen, der Eigelb enthält und nicht vollständig durchgegart ist, lässt sich 8 Tage aufbewahren.

Eier leichter trennen

Eiweiß und Eigelb lassen sich leichter trennen, wenn das Ei kalt ist; das Eiweiß ist dann zähflüssiger, und das Eigelb platzt nicht so schnell auf.

Zucker »gart« Eigelb

Zucker entzieht dem Eigelb einen Teil der enthaltenen Flüssigkeit und ergibt eine dicke, krümelige Masse, die sich nur schwer wieder auflösen lässt. Dabei handelt es sich natürlich nicht um einen echten Garprozess, sondern vielmehr um eine Denaturierung der Proteine. Damit es nicht dazu kommt und die Masse cremig bleibt, empfiehlt es sich, Zucker und Eigelb zügig aufzuschlagen.

Warum wird die Mischung von Zucker und Ei hell?

In vielen Rezepten werden als erster Schritt Zucker und Eigelbe einige Minuten lang kräftig aufgeschlagen, sodass eine helle, dick cremige Masse entsteht. Die Masse wird hell, weil durch das Schlagen Luft hineinkommt. Wichtig ist, dass sich dabei Zucker und Eier gut verbinden und eine homogene Masse entsteht.

Warum schlägt man Eigelb und Zucker schaumig, bevor man die Butter hinzufügt?

Durch kräftiges Aufschlagen von Eigelb und Zucker wird viel Luft in die Masse eingearbeitet und eine stabile Verbindung hergestellt. Das Eigelb umgibt den Zucker, und dieser bleibt dank der fettreichen Umgebung intakt, löst sich also nicht auf. Die erst dann hinzugefügte Butter integriert sich leichter, weil sich die Fettphase nicht von der festen Phase löst.

Wenn zu lange geschlagene Eier zusammenfallen

Es empfiehlt sich, die Eier nicht zu lange aufzuschlagen. Ein zu stark emulgierter Teig geht im Ofen übermäßig auf und fällt danach in sich zusammen – mangels ausreichend »Zement«, der die Struktur erhält.

Warum muss man geschmolzene Schokolade und Butter vor der Beigabe von Eigelb abkühlen?

Das Ei besteht aus Proteinen, die inmitten eines flüssigen Milieus (Wasser) wie ein Wollknäuel zusammengerollt sind. Erhitzt man eine Eimasse, entrollen sich diese Knäuel, das Wasser verdampft, und die Proteine verknüpfen sich miteinander, sodass ein festes Netz entsteht. Das Ei lässt die Masse fest werden, sprich: gerinnen. Gibt man analog dazu etwas Heißes in eine Masse auf Eibasis, gerinnt die ganze Mischung. Gibt man Eier in eine heiße Masse, wird sich diese verfestigen und an Leichtigkeit verlieren. Bei Temperaturen unter 40 Grad findet jedoch keine Gerinnung statt.

Wie kann man außerdem die Gerinnung verhindern?

Um in einem Kuchen die Eigelbgerinnung zu verhindern, fügt man Mehl, Mais- oder Kartoffelstärke hinzu. Bei ausreichend hoher Temperatur lösen sich die langkettigen Mehl- bzw. Stärkemoleküle auf und verhindern das Verklumpen der im Ei enthaltenen Proteine.

Eischnee schlagen

Wie gelingt ein steifer Eischnee? Beim Schlagen des Eiweißes wird Luft in die Eischneemasse eingearbeitet; diese Luftbläschen sind stabil und bleiben im Eischnee erhalten.

Eiweiß setzt sich aus Wasser und Proteinen zusammen; die Proteine Ovomuzin und Konalbumin sorgen für die Struktur und Festigkeit der Emulsion. Die Proteine sind wie winzige separate Knäuel. Beim Schlagen entrollen sich diese Knäuel, und die Proteine können neue Bindungen eingehen. Entlang der Grenzflächen von Wasser und Luft bilden sie ein zunehmend stabiles Netzwerk aus. Proteine sind auch für die Viskosität des Eiweißes verantwortlich und ermöglichen so das Festhalten eingebrachter Luftblasen, was wiederum die Geschmeidigkeit des Eischnees ausmacht.

Ergeben frischere Eier einen besseren Eischnee?

Ganz im Gegenteil! Einige Tage alte Eier ergeben besseren Eischnee als ganz frisch gelegte. Idealerweise trennt man die Eier am Vortag und bewahrt das Eiweiß 24 Stunden in einem mit Klarsichtfolie abgedeckten Behälter auf; so gelangt mehr Luft ins Eiweiß, und es ist leichter, lockerer und geschmeidiger. Außerdem löst sich der Zucker besser auf. Vor dem Schlagen rechtzeitig aus dem Kühlschrank nehmen, sodass es Raumtemperatur annimmt.

Wie schlägt man Eiweiß zu Eischnee?

Beim Schlagen wird nach und nach Luft in die Masse eingearbeitet und die bereits vorhandenen Luftbläschen werden zerteilt – der Eischnee gewinnt an Stabilität. Je länger man ihn schlägt, desto steifer ist er. Am besten schlägt man das Eiweiß zuerst mit einer Gabel schaumig; so werden bereits die Strukturen aufgebrochen. Dann mit dem Handrührer bei geringer Geschwindigkeit beginnen und diese auf mittleres Tempo steigern. So gelangen mehr, kleinere und stabilere Luftblasen in den Eischnee. Sind die Luftblasen zu groß und instabil, überstehen sie den Backprozess nicht. Beim Schlagen von Hand mit dem Schneebesen schlägt man im Kreis und von oben nach unten.

Kann man Eischnee im Voraus aufschlagen?

Eischnee sollte man immer erst im letzten Moment schlagen, denn steht er eine Weile, beginnt er sich wieder aufzulösen: Am Boden der Schüssel sammelt sich dann Flüssigkeit und der Eischnee verliert an Stabilität.

Wie erkennt man, dass Eiweiß ausreichend geschlagen wurde?

Man dreht die Rührschüssel auf den Kopf. Der Eischnee darf sich weder bewegen noch hinausgleiten. Man

Wie erkennt man, dass Eiweiß ausreichend geschlagen wurde?

erkennt es auch daran, dass sich eine Kugel von Eischnee im Innern des Rührbesens bildet, die nicht mit dem Eischnee drumherum in Verbindung steht (siehe Seite 23).

Was passiert, wenn man zu lange schlägt?

Es ist wichtig, den Eischnee nicht zu lange zu schlagen, damit die Spannung zwischen den Luftblasen nicht zu groß wird und die Möglichkeit bleibt, dass das Volumen beim Backen noch etwas zunimmt. Bei fortgesetztem Schlagen vergrößert sich die Anzahl der Bindungen zwischen den Molekülen, was dazu führt, dass das normalerweise mit den Molekülen verbundene Wasser sich löst und austritt; an der Oberfläche werden dann Tröpfchen sichtbar.

Kann man das Aufschlagen wiederholen?

Zusammengefallenen Eischnee kann man erneut aufschlagen, das dauert allerdings deutlich länger als beim ersten Mal. Das Hinzufügen eines zusätzlichen Eiweißes erleichtert den Vorgang.

Macht Salz oder Zitronensaft den Eischnee steifer?

Die in Säuren wie Zitronensaft oder Essig vorhandenen Wasserstoffionen erleichtern die Entfaltung der im Eiweiß enthaltenen Proteine und ermöglichen die Bindung mit Wasser- und Luftmolekülen; sie verhindern aber zugleich, dass sich die Proteine wieder neu miteinander verknüpfen. Daher gilt: Einige Tropfen Zitronensaft erleichtern und beschleunigen das Schlagen und verhindern außerdem, dass der Eischnee körnig wird. Es entsteht ein geschmeidiger, elastischer Eischnee, der sich mühelos unter den Teig ziehen und das Backwerk schön aufgehen lässt. Salz jedoch hat keinerlei positive Auswirkungen auf die Beschaffenheit des Eischnees. Im Gegenteil: Es kann die Stabilität beeinträchtigen.

Wie wirkt Zucker in Eischnee?

Zucker führt zu einer festeren Struktur des Eischnees. Der Zucker umhüllt die Proteine und hindert sie daran, sich untereinander zu verbinden. Dies verzögert die Schaumbildung; man muss länger rühren, wodurch feinere und stabilere Luftbläschen entstehen. Außerdem bindet Zucker aufgrund seiner hygroskopischen Eigenschaften das im Eiweiß enthaltene Wasser und hält es im Eischnee. Auf diese Weise setzt sich am Boden der Rührschüssel keine Flüssigkeit ab, und der Schaum bleibt länger weich und cremig.

Welchen Zucker verwendet man am besten in Eischnee?

Je feiner die Zuckerkristalle, desto leichter lösen sie sich auf und

ergeben eine höhere Viskosität.
Am feinsten ist Puderzucker, gefolgt
von feinem Backzucker und dann
gewöhnlichem Raffinadezucker.

Am besten verwenden Sie feinen
Backzucker. Geben Sie die Hälfte
der Menge nach der halben Auf-
schlagzeit und den Rest zum Schluss
dazu. Der Zucker muss sich vollständig auflösen. Wenn Sie etwas
Eischnee zwischen den Fingern
zerreiben, dürfen keine Zuckerkristalle mehr zu spüren sein.

Das Unterheben von Eischnee

Eischnee muss vorsichtig, porti-
onsweise und in Auf-und-Ab-
Bewegungen unter eine andere
Masse gehoben werden (und nicht
umgekehrt); so gelangt zusätzli-
che Luft in die Mischung, und der
Schaum fällt nicht zusammen. Mit
einem großen, flexiblen Spatel
die Masse vom Boden der Rührschüssel anheben und über den
darüberliegenden Eischnee ziehen,
ohne diesen zu zerdrücken. Diese
Bewegung wiederholen; dabei jedes
Mal die Schüssel um einen Vier-
telkreis weiterdrehen, bis keine
weißen Eischneespuren mehr zu
sehen sind. Bei sehr kompakten
Massen rührt man zuerst ein
Drittel des Eischnees mit dem
Handrührgerät unter die Masse, um
sie aufzulockern, und hebt dann
die restlichen zwei Drittel wie oben
beschrieben vorsichtig mit einem
Spatel unter.

Verhindern Eigelbreste im Eiweiß die Schneebildung?

Da sich die Eigelbproteine an die
Eiweißproteine binden, wird
die gewünschte Verbindung mit
den Wasser- und Luftmolekülen
und damit die Schaumbildung be-
oder verhindert. Das ist jedoch
eine Frage der Menge. In einer
großen Menge Eiweiß richtet ein
winziger Tropfen Eigelb keinen
Schaden an. Möglicherweise muss
man etwas länger und mit höherer
Geschwindigkeit schlagen, bis
fester Eischnee entsteht, und vielleicht entwickelt er etwas weniger
Volumen.

Ebenso wichtig: Die Rührschüssel
muss ganz sauber und fettfrei sein.

Kann man Eigelb unter Eischnee ziehen?

Ist der Eischnee steif geschlagen
und haben die Proteine ein festes
Netz gebildet, kann das Eigelb
keinen Schaden mehr anrichten.
Das Eigelb verflüssigt den Eischnee
allerdings etwas; der auf diese
Weise cremigere Eischnee lässt
sich jedoch leichter unter eine
andere Masse ziehen, die dann eine
stabilere Konsistenz erhält. (Siehe
Wolkenkuchen, dessen Konsistenz
auch nach dem Backen fest bleibt;
sticht man hinein, sinkt er nicht in
sich zusammen.)

BUTTER

Butter ist eine Wasser-in-Öl-
Emulsion auf Basis von Milchfett,
hergestellt aus dem auf der Milch
abgesetzten Rahm, hauptsächlich
aus pasteurisierter Kuhmilch; aber
auch mit Ziegen-, Esel-, Stuten-,
Büffel und Kamelmilch funktioniert es. Rohmilchbutter wird aus
nicht-pasteurisiertem Rahm hergestellt, ist aber schlecht haltbar.
Für 1 kg Butter benötigt man 20 l
Milch.

Gesalzene Butter enthält mehr
als 5 % Salz; leicht gesalzene Butter
(demi-sel) zwischen 0,5 und 3 %.

100 g Butter enthalten: 0 g Kohlenhydrate, 0 g Eiweiß, 83 g Fett
(davon 63 % gesättigt), 17 g Wasser,
250 mg Cholesterin, 15 mg Kalzium,
710 µg Vitamin A, 505 µg Karotin.
Ihr Kaloriengehalt beträgt 750 kcal.

Rolle der Butter

Butter macht Kuchen zart, indem es
die Entwicklung von Gluten bremst.
Sie regt die Speichelbildung an
und trägt so zum Feuchtigkeitsge-
fühl im Mund bei. Ein Kuchen mit
wenig Butter kann trockener wirken als ein Kuchen mit viel Butter.

Wahl der Butter

In der Feinbäckerei verwendet man
Butter mit einem Fettanteil von
82 % (entspricht der Handelsnorm).
Ersatzprodukte wie Margarine oder
fettreduzierte Varianten sind zu
vermeiden. Leicht gesalzene Butter
(demi-sel) kann den Geschmack
verstärken.

Butter schmelzen

Am besten schmilzt man Butter im
Wasserbad oder in der Mikrowelle
bei geringer Wattzahl (350 W) in
etwa 5 Minuten. Oft wird sie zusammen mit der Schokolade geschmolzen.

Verwendung anderer Fettstoffe in Kuchen

Crème fraîche und Öl machen Kuchen saftig, wobei Öl zu einer eher
schwammartigen Konsistenz führt
und nicht selten vom Kuchen »aus-
geschwitzt« wird.

MEHL

Mehl entsteht durch Mahlen von Getreidekörnern. Getreide besteht in erster Linie aus Stärke, Proteinen und nur wenig Fett. Getreide enthält Gluten, auch Klebereiweiß genannt (von lateinisch *glu* für »kleben«), eine netzartige Proteinverbindung, die für die Herstellung von Backwaren von Bedeutung ist. Durch Wasserzugabe bildet Gluten eine elastische Masse. Die Stärke nimmt jedoch beim Backprozess den größten Teil des im Teig enthaltenen Wassers wieder auf.

100 g Mehl enthalten: 33 g Kohlenhydrate, 26 g Proteine, 10 g Fett, 11 g Wasser, 16 g Ballaststoffe, 1100 mg Phosphat, 850 mg Kalium, 260 mg Magnesium, 70 mg Kalzium, 9 mg Eisen, 45 mg Niacin, 6 mg Vitamin B_6, 2 mg Vitamin B_2, 430 µg Folsäure. Der Kaloriengehalt beträgt 559 kcal.

Rolle des Mehls

Während des Backens verdampft ein Teil des Wassers. Dieser Wasserdampf wird dank der Viskosität des Teiges, die wiederum auf dem Glutennetz beruht, im Teig gehalten. Ergebnis: Mehl enthaltender Teig geht auf und gewinnt an Volumen.

Die im Mehl enthaltenen Proteine verbinden und verfestigen sich und geben dem Teig Stabilität. Die Stärke geliert. In dem Maße, in dem die Temperatur steigt, absorbiert die Stärke Wasser – der Teig geht von einem mehr oder weniger flüssigen in einen festen Zustand über.

Mehltypen

Nach seinem Mineralstoffgehalt (berechnet in mg je 100 g Trockenmasse) wird Mehl in Typen eingeteilt. Je höher die Type, desto höher der Mineralstoffgehalt (und desto dunkler das Mehl).

Mehltype	Backeigenschaften	Mindest-/Höchstmineralstoffgehalt (% i. Tr.)
Type 405	Bevorzugtes Haushaltsmehl, gute Backeigenschaften	bis 0,50
Type 550	Backstark, für feinporige Teige, als Vielzweckmehl verwendbar	0,51 bis 0,63
Type 812	Für helle Mischbrote	0,64 bis 0,90
Type 1050	Für Mischbrote oder herzhafte Backwaren	0,91 bis 1,20
Type 1600	Für dunkle Mischbrote	1,21 bis 1,80
Type 1700	Weizenbackschrot ohne Keimlinge	2,10

(Quelle: Wikipedia, Stichwort Mehl)

Wahl des richtigen Mehls

Wie alle Backzutaten sollte auch das Mehl von bester Qualität und ohne künstliche Zusatzstoffe sein. Im Handel finden Sie eine große Auswahl.

Gewöhnliches Haushaltsmehl ist eine Mischung unterschiedlicher Getreidesorten und lässt sich vielseitig einsetzen – von Brot bis Kuchen.

Für Feingebäck wählt man entsprechend fein gemahlenes, weißes Mehl der Type 405; es ist sehr weich, fast seidig. Es ist reich an Stärke und weniger reich an Proteinen, sprich Gluten; das Backwerk wird dadurch sehr leicht und locker.

Das etwas reichhaltigere Mehl der Type 550 eignet sich ebenfalls als Vielzweckmehl. Zum Backen heller Mischbrote verwendet man Mehl der Type 812, das etwas mehr Mineralstoffe enthält und herzhafter ist.

Für Kuchen wird dem Mehl Salz und Treibmittel (normalerweise Backpulver) hinzugefügt. Mit 7 g Backpulver und 2 g Salz auf 125 g Mehl liegen Sie richtig.

Nicht zu viel Mehl

Die meisten Backzutaten zielen auf eine weiche Krume ab, indem sie die Mehlproteine daran hindern, sich zu Gluten zu verbinden. Es sind also Butter, Zucker und Eigelb, die von der Stärke absorbiert werden und die Krume wunderbar weich und saftig machen.

Wie vermeidet man Klumpen?

Erste Regel: Das Mehl sieben. Ein weiterer Trick: Alle trockenen Zutaten wie Mehl und Kakaopulver gemeinsam vorbereiten, und auf der anderen Seite die flüssigen Zutaten wie geschmolzene Butter und Schokolade sowie Eier gemeinsam verarbeiten. Das richtige Verhältnis ist wichtig: Bei einem zu großen Anteil an flüssigen Bestandteilen können die trockenen Zutaten Klumpen bilden.

Kann man das Mehl ersetzen?

Für besonders leichte, lockere Kuchen ersetzt man die Hälfte des Mehls durch die entsprechende Menge Speisestärke (Maisstärke). Maisstärke besteht hauptsächlich aus Stärke, während Weizenmehl die ganzen gemahlenen Weizenkörner enthält. Der Brennwert ist derselbe, aber die Backeigenschaften sind unterschiedlich, denn Stärke geliert und verdickt mehr. Außerdem ist Stärke leichter und besser zu verdauen. (Siehe »Königin von Saba«, Seite 88, wo das Mehl durch gemahlene Mandeln ersetzt wird; diese sind schwerer als Mehl, wodurch der Kuchen kompakter wird.)

ZUCKER

Zucker wird aus Zuckerrohr oder Zuckerrüben gewonnen. Er besteht größtenteils aus Saccharose, einem Glukose-Molekül, das mit einem Fruktose-Molekül verbunden ist.

Weißer Zucker wie Kristall- oder Raffinadezucker besteht zu 99,8 % aus gereinigter und kristallisierter Saccharose. Puderzucker ist nichts anderes als sehr fein gemahlener Kristallzucker, der auch ein bisschen Stärke enthält. Brauner Zucker ist entweder echter brauner Rohrzucker oder aber Raffinade-Zucker, der mit Melasse oder Farbstoffen gefärbt wurde. Cassonade-Zucker ist eine grobkörnige Variante, die durch Vakuum-Kristallisierung von rohem Rohrzucker gewonnen wird.

Muscovado, durch Verdunstung des Wassers aus gepresstem Zuckerrohrsaft gewonnen, ist ein völlig unraffinierter, dunkelbrauner Rohrzucker, der noch die gesamte Melasse enthält, was ihm ein besonders ausgeprägtes Aroma verleiht. Im Bio- und Fair-Trade-Handel erhältlich.

100 g Raffinadezucker enthalten: 100 g Kohlenhydrate, 0 g Proteine, 0 g Fett, 30 bis 50 mg Mineralsalze (Eisen, Kalium, Kalzium, Natrium, Phosphor). Der Kaloriengehalt beträgt 400 kcal.

Rolle des Zuckers

Zucker sorgt für Aroma, macht den Teig luftig und hält die Kruste zart und weich, indem er die vorhandene Feuchtigkeit darin bindet.

Zucker bringt Süße, kann aber bittere Aromen nicht ausgleichen. Die Süßkraft der unterschiedlichen Zuckersorten variiert. Weißer Zucker liegt etwa im Mittelfeld, Fruktose und Honig bringen mehr Süße, Glukose und Maissirup haben eine geringere Süßkraft.

Bei hoher Temperatur bräunt und karamellisiert Zucker. Die Bräunung des Kuchens ist die Folge dieser Karamellisierung ebenso wie die Maillard-Reaktion, die sich vollzieht, wenn Zucker zusammen mit Proteinen erhitzt wird. Fruktose, Honig und Glukose bräunen schneller als weißer Zucker.

Zucker interagiert mit Mehl und bremst die Entstehung von Gluten. Er stabilisiert Eiweiß, indem er die Verbindung der Proteine untereinander verhindert; darüber hinaus entzieht er dem Eiweiß das Wasser, wodurch Eischnee weicher wird und beim Backen besser aufgeht.

Durch die hygroskopische (Wasser anziehende und speichernde) Wirkung des Zuckers trocknen zuckerhaltige Kuchen nicht so schnell aus.

Die Wahl des richtigen Zuckers

Die Wahl des Zuckers wirkt sich auf Geschmack, Färbung und

Konsistenz des Gebäcks aus. Je mehr Zucker, desto geschmeidiger das Produkt. Umgekehrt gilt: Je weniger Zucker, desto kompakter und fester das Ergebnis.

Raffinadezucker ist die in der Bäckerei meistverwendete Variante. Puderzucker bringt viel Luft in den Teig und macht den Kuchen besonders locker, während Cassonade-Zucker für Körper und Aroma sorgt, jedoch weniger Luftigkeit bewirkt.

Kann man Zucker durch künstliche Süßstoffe ersetzen?

Beim Erhitzen durchläuft Zucker eine komplexe Serie von Reaktionen, die zu unterschiedlichen Aromen wie beispielsweise dem Karamellgeschmack führen.

Von künstlichen Süßstoffen ist beim Backen abzuraten. Aspartam ist nicht hitzebeständig und daher zum Backen ungeeignet. Beim Erhitzen geht die Süßkraft verloren, es entsteht ein bitteres Aroma und eine toxische Wirkung.

Auch wenn es andere koch- und backstabile künstliche Süßstoffe gibt, ist in jedem Fall echter Zucker vorzuziehen. Künstlichen Süßstoffen fehlt das Volumen, der Geschmackskörper; sie erzeugen nicht das gleiche Mundgefühl wie natürliche Süße und haben oft einen bitteren, metallischen Nachgeschmack.

Kann man Zucker durch Fruktose ersetzen?

Fruktose nennt man den in Obst enthaltenen Fruchtzucker. Seine Süßkraft ist doppelt so stark wie die von Raffinadezucker, deshalb muss man die Menge halbieren. Außerdem karamellisiert er schneller (schon bei 100 Grad anstatt bei 160 Grad wie Raffinadezucker); man reduziert also die Backtemperatur um 20 Grad und lässt den Kuchen dafür etwas länger im Ofen, um dasselbe Ergebnis zu erzielen.

Und Honig?

Im Gegensatz zu weißem Zucker, der raffiniert und denaturiert ist, ist Honig ein 100%-iges Naturprodukt. Er besteht aus Fruktose, Glukose, Vitaminen, Mineralstoffen, Spurenelementen, Hormonen, Enzymen und natürlichen Aromastoffen und ist besser verdaulich als Zucker.

Allerdings darf Honig nicht höher als auf 40 Grad erhitzt werden, da er sonst kristallisiert, eignet sich somit nicht als Zuckerersatz zum Backen. In Zubereitungen, die nicht erhitzt werden, ersetzt man 270 g Zucker und 50 ml Flüssigkeit durch 250 ml Honig.

Übrigens: Eine Biene besucht während der Erntezeit täglich 700 Blüten und muss 25 km abfliegen, um 1 kg Nektar zu sammeln, der dann 0,25 g (!) Honig ergibt.

BACKPULVER

Backpulver dient als Triebmittel und ist im Gegensatz zur Hefe, die ein lebendiger Pilz ist, eine unbelebte Verbindung. Es ist eine Mischung aus Natron, einem Säuerungsmittel (Weinstein) sowie Stärke als Trennmittel, um zu verhindern, dass die Komponenten vorzeitig miteinander reagieren.

Rolle des Backpulvers
Backpulver wird in Verbindung mit Wärme und Feuchtigkeit aktiv. Die enthaltene Säure reagiert sehr schnell mit dem Natron; bereits bei der Teigherstellung entsteht etwas Gas, weshalb dies möglichst zügig geschehen sollte. Beim Backen nimmt die Gasbildung noch zu. Das Glutennetz des Teigs hält die winzigen Gasbläschen fest – sie blähen den Teig auf. Mit der Hitze verstärkt sich das Glutennetz, das die Glasbläschen immer fester umschließt. So bleibt der Kuchen auch nach dem Backen schön luftig.

Wie wird Backpulver richtig verwendet?
Backpulver darf im Gegensatz zu Hefe nicht mit Flüssigkeit vermischt werden; man siebt es mit dem Mehl und mischt es gleichmäßig unter die anderen Zutaten. Zu viel Backpulver führt zu ungleichmäßigem Aufgehen, zu einem unangenehmen, salzigen Geschmack und zu raschem Austrocknen des Kuchens. Faustregel: 20 g Backpulver auf 1 kg Mehl.

Wie unterscheidet sich die Wirkung von Eischnee und Backpulver in Teigen?
Durch die Reaktion des Backpulvers unter Hitzeeinwirkung entsteht Kohlendioxid (Kohlensäure), das die Bläschen vergrößert. Unter den Teig gezogener Eischnee produziert indes ein Netz aus Luftbläschen. Wenn sich unter Hitzeeinwirkung die Bläschen ausdehnen, bläht sich das Netz auf und die Struktur verfestigt sich.

Der Effekt beim Backen ist also letztlich derselbe. Das durch Backpulver bewirkte Netz ist jedoch sehr homogen, während der Eischnee Luftbläschen von sehr unterschiedlicher Größe entstehen lässt.

Der größte Unterschied liegt allerdings im Geschmack des fertigen Kuchens.

DAS BACKEN

Was passiert, wenn der Kuchen im Ofen ist?

Beim Backen verändert der Teig seine Farbe und seine Konsistenz; er wird fest.

Die Farbveränderung ist auf die so genannte Maillard-Reaktion zurückzuführen, eine Kette chemischer Reaktionen, die sich beim Erhitzen zwischen den Proteinen (Gluten) und dem Zucker (Stärke) abspielen. Dabei entstehen zahlreiche Aromamoleküle, die zu komplexen neuen Geschmacksnoten führen.

Das Mehl ist für die Verfestigung des Teigs verantwortlich. Das im Teig enthaltene Wasser wird von der Stärke aufgesaugt, und durch den Wasserentzug verfestigt sich der Teig.

Gerinnungstemperatur

Ei beginnt bei einer Temperatur von 40 Grad zu gerinnen. Sind die Eier mit anderen Zutaten (etwa Zucker) vermischt, liegt die Gerinnungstemperatur um einige Grad höher. Je mehr Zucker man verwendet, desto weniger gerinnen die Proteine und desto lockerer wird der Kuchen. Die gelösten Zuckermoleküle ummanteln die Eiproteine und verhindern deren übermäßige Verfestigung.

Je saurer der Teig ist, desto mehr stellt sich ein gegenteiliger Effekt ein: Fügt man Joghurt oder Zitrone hinzu, sinkt die Gerinnungstemperatur.

Ofen oder Wasserbad – gibt es einen Unterschied?

Das Wasser des Wasserbads wirkt isolierend und schützt die Zubereitung vor direkter Hitzeeinwirkung wie im Ofen.

Selbst wenn man die Ofentemperatur auf 160 Grad stellt, hat das Wasserbad immer nur höchstens 100 Grad. Bei dieser milden Hitze gerinnen die Proteine langsamer und der Garprozess läuft schonender ab; ein Verbrennen ist unwahrscheinlich.

Im Ofen gegarte Teige ergeben eine körnigere Konsistenz als jene, die im Wasserbad gegart werden. Die heiße Ofenluft bricht den Teig auf, während das Wasserbad eine geschmeidige, cremige Textur entstehen lässt. Das Wasser des Wasserbads verdampft im Ofen und führt zu einer glatten, weichen Oberfläche ohne Risse und zu gleichmäßiger Färbung.

DER OFEN

Man muss seinen Ofen gut kennen, um ihn optimal nutzen zu können.

Wie funktioniert ein Ofen?
Während der Backzeit wirkt die Ofenhitze auf drei unterschiedliche Arten auf den Teig ein:
— *durch thermische Strahlung:* Die heißen Ofenwände geben Wärmestrahlung ab, ebenso die Backform, die je nach Material, Farbe und Oberflächenbeschaffenheit mehr oder weniger die Hitze reflektiert.
— *durch Konvektion:* Die heiße Luft zirkuliert im Ofen.
— *durch Konduktion:* Der Teig hat direkten Kontakt zu einem heißen Element (Form oder Blech).

Elektro- oder Gasherd – wo ist der Unterschied?
Ein Gasherd ist leistungsstärker. Im Gasofen kommt die Hitze von unten. Man darf das Gebäck also nicht auf einer zu tiefen Rille einschieben, sonst brennt es von unten an. Bei der Gasverbrennung wird etwas Feuchtigkeit im Ofen frei – was ideal zum Brotbacken ist, sich aber auf Kuchen kaum auswirkt. Ein Elektroofen arbeitet berechenbarer und gleichmäßiger.

Ober- und Unterhitze oder Umluft?
Bei Elektroöfen kann man zwischen Ober-/Unterhitze und Umluft wählen. Der Betrieb mit Ober-/Unterhitze ist energieaufwendiger, da die Hitzeverteilung ungleichmäßiger und die Backzeit somit länger ist.

Bei Umluft wird die heiße Luft durch einen Ventilator, der sich im hinteren Teil des Ofens befindet, gleichmäßig verteilt; die Backzeit liegt 25 % unter der eines herkömmlichen Ofens. Das Gebäck bräunt schneller, geht höher auf und hat eine knusprigere Kruste. Man kann so auch mehrere Kuchen gleichzeitig backen; sie werden gleichmäßig garen.

Die in diesem Buch vorgestellten Kuchen wurden mit Umluft gebacken. Zum Backen mit Unter- und Oberhitze erhöhen Sie die Backtemperatur um 10 Grad oder verlängern die Backzeit um 5 bis 6 Minuten.

Und der Dampfbackofen?
Bei Dampfgarern unterscheidet man Unterdruck- und Hochdruckgeräte sowie Trockendampfgeräte. Die Backzeit ist kürzer und die Kuchen werden saftiger, etwa so wie im Wasserbad.

Gas Stufe 6 – was heißt das?
Schon wieder ein Rezept, in dem nur die Gasstufe angegeben ist. Als Faustregel gilt: Die Temperatur

in Grad Celsius entspricht dem
30-fachen der Gasstufe. Gasstufe
6 entspricht also 180 Grad. Die
folgende Tabelle zeigt die Entspre-
chungen auf einen Blick.

Gas Stufe 1 = 30 Grad
Gas Stufe 2 = 60 Grad
Gas Stufe 3 = 90 Grad
Gas Stufe 4 = 120 Grad
Gas Stufe 5 = 150 Grad
Gas Stufe 6 = 180 Grad
Gas Stufe 7 = 210 Grad
Gas Stufe 8 = 240 Grad
Gas Stufe 9 = 270 Grad

Warum heizt man den Ofen vor?

Kuchen schiebt man erst in den
Ofen, wenn dieser die geforderte
Temperatur erreicht hat. Sie sollten
beim ersten Kontakt mit der Wär-
mequelle rasch eine leichte Kruste
bilden, die den Teig wie ein Deckel
schützt und die Feuchtigkeit im
Kuchen hält. Das ergibt eine saftige
Konsistenz.

Auf welcher Schiene werden Kuchen eingeschoben?

Beim Backen mit Unter- und Oberhitze wird immer nur ein Kuchen
auf einmal gebacken, und zwar auf
der mittleren Schiene. Wollen Sie
gleichzeitig zwei Kuchen backen,
platzieren Sie die Formen versetzt
und tauschen Sie nach der halben Backzeit die Plätze. In einem
Umluftofen kann man mehrere
Kuchen gleichzeitig backen; die

Formen dürfen weder einander
noch die Ofenwände oder das
Ofenfenster berühren. Die Luft
muss frei zirkulieren können.

Warum darf man während der Backzeit nicht die Ofentür öffnen?

Die Luftbläschen im Teig ver-
größern sich unter der Hitzeeinwirkung und setzen sich im Proteinnetz der noch nicht vollständig
geronnenen Eier fest; die Masse
ist also noch nicht fest und stabil.
Beim Öffnen der Ofentür würde
der Kuchen daher zusammenfallen.
Im Verlauf der Backzeit verfestigt
sich das Eiweiß, bevor die Bläschen
wieder schrumpfen können. Der
Kuchen behält so seine Struktur.

Warum geht der Kuchen auf?

Beim Backen vollziehen sich gleichzeitig mehrere Reaktionen, die zur
Ausdehnung der Luftblasen und
zur Verfestigung des Proteinnetzes
führen. Es ist nicht in erster Linie
Luft, die den Kuchen aufgehen
lässt, sondern vielmehr Wasser.
Durch die Hitze wird das Wasser zu
Dampf, der ein größeres Volumen
beansprucht. Gleichzeitig gerinnen
die Proteine der Eier unter der
Einwirkung der Hitze.

In der Praxis vollziehen sich
diese beiden Aktionen (Bildung
von Dampf und Verfestigung)
nicht gleich schnell. Der Dampf
bildet sich schneller. Die Blasen

werden größer und das noch flexible Proteinnetz kann sich entsprechend anpassen. Auf diese Weise geht ein Kuchen um etwa 10 % auf. Das Aufgehen dauert so lange, bis sich das Proteinnetz durch die Hitze verfestigt hat.

Für die Praxis heißt das: Hinzufügen von einem Ei oder Eigelb (bevor der Eischnee untergehoben wird) unterstützt die Struktur des Kuchens durch die zusätzlichen Proteine. Die Proteine verstärken das Netz, das die Luftblasen umschließt.

Warum fallen manche Kuchen zusammen, wenn sie aus dem Ofen kommen?

Beim Abkühlen kondensiert Dampf; er wird wieder flüssig und beansprucht weniger Volumen – der Kuchen kann zusammenfallen. Doch ein gut durchgebackener Kuchen fällt nicht zusammen! Denn das Backen bei hoher Temperatur verfestigt das Proteinnetz so, dass es seine aufgeblähte Form auch nach dem Backen behält. Die Proteine wirken wie eine Art »Zement«, der die Struktur bewahrt; das Mehl unterstützt diese Struktur zusätzlich.

Ein bei mehr als 220 Grad gebackener Kuchen wird nach der Backzeit schneller zusammenfallen als ein bei moderater Hitze gebackener. Denn bei zu

großer Hitze entsteht zu schnell Dampf; es bildet sich Druck und die Luftbläschen platzen.

Man kann einen zusammengefallenen Kuchen retten, indem man ihn erneut in den Ofen schiebt und backt, bis der Teig fest ist.

Wie weiß man, dass der Kuchen gar ist?

Ein Kuchen ist gar, wenn der Teig fest ist. Stechen Sie mit einer Messerspitze in den Kuchen – klebt beim Herausziehen noch Teig am Messer, ist der Kuchen noch nicht gar. Keine Sorge, das Messer bringt den Kuchen nicht zum Zusammenfallen.

Wann löst man den Kuchen aus der Form?

Nehmen Sie den fertig gebackenen Kuchen aus dem Ofen und lassen Sie ihn einen Moment ruhen. Rütteln Sie dann behutsam an der Form – löst sich der Kuchen von den Rändern, können Sie ihn aus der Form nehmen; manchmal muss der Kuchen auch mit einem spitzen Messer dem Rand entlang gelöst werden. Stürzen Sie ihn auf ein Kuchengitter und wenden Sie ihn sogleich wieder.

Wenn der Kuchen zu heiß aus der Form genommen wird, kann er zusammenfallen. Lässt man ihn zu lange in der Form, gart er darin weiter und kann austrocknen.

DIE FORM

Material, Farbe und Größe der Form wirken sich auf den Garprozess aus und beeinflussen damit Konsistenz und Textur des fertigen Kuchens.

Welches Material ist das beste?

Je nach Material wird die Hitze während des Backens unterschiedlich weitergeleitet. In manchen Formen kann ein Kuchen nach dem Herausnehmen aus dem Ofen noch weiterbacken; daher muss man ihn rasch aus der Form nehmen oder die Form in kaltes Wasser tauchen, um den Garprozess zu stoppen.

Weißblechformen reflektieren die vom Ofen abgegebene Hitze und verzögern den Bräunungsvorgang. Die Kuchen brauchen darin länger als in dunklen Formen. Die Kuchen dieses Buches wurden in Weißblechformen gebacken.

Schwarzblech- bzw. dunkle Formen nehmen die Ofenhitze besser auf und beschleunigen den Bräunungsvorgang. In den Rezepten dieses Buches ist die angegebene Ofentemperatur daher 15 Grad tiefer einzustellen und die Backzeit um 10 Minuten zu verkürzen.

Einweg-Aluminiumformen mögen ein Notbehelf sein, bieten aber keine optimalen Backeigenschaften. Sie ergeben kein gleichmäßiges Backergebnis.

Pyrex-Glasformen lassen die Hitze leicht durch, sodass der Teig schnell bräunt. Deshalb muss man die Ofentemperatur um etwa 15 Grad reduzieren.

Silikonformen besitzen beste Antihaft-Eigenschaften, sind mikrowellentauglich, bis 260 Grad hitzebeständig, bis −40 Grad kälteresistent und geschirrspülertauglich. Kuchen lassen sich auch ohne vorheriges Fetten der Form mühelos herauslösen; sie nutzen sich nicht ab und verkratzen nicht. Die mit Teig gefüllte Form ist jedoch mit Vorsicht zu handhaben, damit sich der Inhalt nicht in den Ofen ergießt. Einmal aus dem Ofen genommen, gibt die Form keine weitere Hitze mehr ab. Der Teig hat darin allerdings weniger Halt als in einer Metallform. Wenn Sie für die Rezepte dieses Buches eine Silikonform verwenden, reduzieren Sie die Ofentemperatur um 10 Grad oder die Backzeit um 5 Minuten.

Welche Form ist die richtige?

Die Form wirkt sich in erster Linie auf das Aussehen des fertigen Kuchens aus, und je nach Fassungsvermögen kann die Backzeit variieren. So verlangt eine schmale, hohe Form eine längere Backzeit als eine große, flache Form.

ZUBEHÖR

Holzlöffel oder Silikonschaber?

Ein Holzlöffel leitet die Hitze nicht und verkratzt auch die Formen nicht. Dank seiner abgerundeten Form kann man mit ihm gut Eischnee unter den Teig ziehen; allerdings nimmt er den Geschmack anderer Lebensmittel an.

Ein Silikonschaber ist hygienischer; dank seiner Flexibilität kann man mit ihm den Teig restlos aus der Rührschüssel entnehmen.

Welcher Schneebesen ist der beste?

Je mehr Metallschlaufen der Schneebesen besitzt, desto mehr Luft gelangt beim Schlagen in die Zubereitung. Die Schlaufen sollten möglichst fein und biegsam sein. Es gibt auch silikonüberzogene Schneebesen, die hitzebeständig sind und beschichtete Töpfe nicht verkratzen; sie bringen aber weniger Luft in die Zubereitungen.

Küchenmaschine oder Handrührer?

Beide Geräte sind unverzichtbar, insbesondere zum Schlagen von Eischnee. Die Küchenmaschine ist praktisch, weil man, während das Rührwerk läuft, etwas anderes tun kann. Ein Handrührer ist auch sehr nützlich zum Aufschlagen von Zucker und Eigelb. Er ist preisgünstiger und platzsparender als eine Küchenmaschine. Das Aufschlagen von Eischnee dauert mit dem Handrührgerät vielleicht etwas länger, doch das Ergebnis ist dasselbe.

Schlagen von Eischnee in einer Kupferschüssel

Beim Schlagen von Eischnee in einer Kupferschüssel vollzieht sich eine Reaktion zwischen dem Kupfer und dem Eiweißprotein, die dieses beim späteren Backen stabiler und elastischer macht. Ergebnis: Der Kuchen geht höher auf. Aber einige Tropfen Zitronensaft haben dieselbe Wirkung.

FRAGEN UND ANTWORTEN

Kann man einen Kuchenteig im Voraus zubereiten?

Ein Kuchenteig, der Eischnee enthält, kann bis zu 1 Stunde im Voraus zubereitet und bis zum Backen im Kühlschrank aufbewahrt werden. Teigzubereitungen ohne Eischnee können mehrere Stunden im Kühlschrank gelagert werden.

Auch mehrwöchiges Einfrieren ist möglich. Einen tiefgefrorenen Teig mit Eischnee kann man sofort backen (Temperatur um 20 Grad senken, Backzeit um 10 Minuten verlängern). Oder man lässt ihn 6 Stunden auftauen und backt ihn wie im Rezept beschrieben.

Kann man einen Kuchen im Voraus backen?

Die meisten Kuchen dieses Buchs werden am besten am Vortag gebacken, ausgenommen der »Moelleux« in der Mikrowelle und der Wolkenkuchen. Den fertig gebackenen Kuchen nicht in den Kühlschrank stellen; sonst fühlt er sich im Mund hart an.

Kann man einen Kuchen einfrieren?

Kuchen lassen sich hervorragend einfrieren. Zum Auftauen 24 Stunden vorher herausnehmen und in den Kühlschrank stellen.

Kuchen mit Eischnee werden ihre luftige Konsistenz verlieren, aber feuchte, saftige Kuchen nehmen keinen Schaden.

Der »Coulant« (Seite 66) kann ungebacken oder nur ganz kurz angebacken eingefroren werden. In diesem Fall taut man ihn gleich im heißen Ofen auf – so bleibt das Innere flüssig.

Wie erzielt man einen »Trüffel-Effekt«?

Kuchen mit saftigem oder halbgarem Kern erhalten eine trüffelartige Konsistenz, wenn man sie vor dem Servieren 1 Stunde in den Kühlschrank stellt.

Warum haben manche Kuchen eine Kruste und andere nicht?

Bei hoher Ofentemperatur (um 200 Grad) entsteht eine Kruste. Dann herunterschalten, damit der Kuchen im Innern nicht austrocknet. Im Wasserbad bei moderater Temperatur gebackene Kuchen entwickeln aufgrund des im Ofen vorhandenen Wasserdampfs keine Kruste.

Der Kuchen ist zu bitter – was tun?

Die Kuchen in diesem Buch wurden mit Zartbitterschokolade mit 70 % Kakaoanteil gebacken. Je nach Dosierung wirkt sich die Schokolade in den einzelnen Rezepten unterschiedlich aus. Manche

Kuchen, die viel Schokolade enthalten, sind trotz einer guten Menge Zucker eher herb. Wählen Sie dann eine Schokolade mit geringerem Kakaoanteil.

Der Kuchen ist nicht aufgegangen, sondern verbrannt!

Dann war zu viel Zucker im Teig. Die Ofenhitze hat den Kuchen gegart, bevor er aufgehen konnte. Zucker erhöht die Temperatur, bei der die Proteine der Eier im Zusammenwirken mit dem Mehl gerinnen, und auch die Temperatur, bei der die Stärke das Wasser aus dem Teig aufnimmt und geliert. Die Krume erreicht also nicht die zur Bildung eines stabilen Netzes notwendige Temperatur. Der Kuchen geht dann dank des Dampfes beim Backen zwar etwas auf, aber kaum aus dem Ofen, fällt er zusammen wie ein kompakter, feuchter Kuchen (Typ Brownie). Die richtige Menge Zucker erlaubt dem Kuchen also das Aufgehen, bevor die Ofenhitze ihn fest werden lässt.

Wie viel wiegen 20 cl Rahm?

Oft ist es praktisch, Flüssigkeiten auf der Waage hinzuzuwiegen. Deshalb werden in den Rezepten dieses Buches auch Flüssigkeiten (wie z. B. Rahm) in Gramm angegeben. Hier eine Umrechnungstabelle von Volumen in Gewicht, bezogen auf Wasser und flüssigen Rahm, nicht aber auf Öl!

Liter (l)	Zentiliter (cl)	Deziliter (dl)	Kilogramm/ Gramm (kg/g)
1 Liter	100 cl	10 dl	1 kg (Wasser)
1/2 Liter	50 cl	5 dl	500 g (Wasser)
1/4 Liter	25 cl	2,5 dl	250 g (Wasser)
1/8 Liter	12,5 cl	1,25 dl	125 g (Wasser)

Ist Schokolade ein Aphrodisiakum?

Seit der Aztekenzeit, als König Montezuma 50 Tassen Schokolade pro Tag trank und dann die Damen seines Harems beglückte, hat Schokolade den Ruf eines Aphrodisiakums. Die mexikanische Schokolade enthielt damals jedoch zahlreiche Gewürze, die für diesen Effekt verantwortlich sein mochten. Heute enthält Schokolade nichts als Kakao, Zucker und Vanillespuren für ein angenehmes Aroma – doch euphorisierend und stimulierend wirkt sie allemal!

Wie lässt sich ein Rezept für eine runde Form auf eine quadratische Form umrechnen und umgekehrt?

Wenn das Rezept eine runde Form vorgibt, Sie aber eine quadratische Form verwenden wollen, ziehen Sie einfach 2 cm vom Durchmesser der runden Form ab, um die richtige Seitenlänge der quadratischen Form zu berechnen. Gibt das Rezept also eine runde Form von 24 cm Durchmesser vor, können Sie stattdessen eine quadratische Form von 22 cm Kantenlänge benutzen.

Wirkt Schokolade gegen Depressionen?

Schokolade fördert Sinnlichkeit, Vergnügen, Energie und Ausgeglichenheit, denn beim Verzehr werden Endorphine (ein dem Morphin ähnliches Molekül) ausgeschüttet. Schokolade tröstet über mangelnde Zuneigung, Enttäuschungen und nervöse Zustände hinweg und kann zu einem erhöhten Wohlbefinden führen.

Verursacht Schokolade Karies?

Schokolade enthält drei Arten von Karieshemmern: Tannine, Fluor und Phosphat. Aber natürlich auch Zucker, der Karies verursacht! Deshalb ist eine gute Mundhygiene in jedem Fall angezeigt.

Zu viel Cholesterin – Verzicht auf Schokolade?

Kakaobutter macht Schokolade zwar fettreich, durch ihre spezielle Zusammensetzung an Fettsäuren hat sie jedoch keine Auswirkung auf den Cholesterinspiegel: Es sind darin ebenso viele gesättigte Fettsäuren enthalten, die die Bildung von »schlechtem« Cholesterin fördern wie ungesättigte Fettsäuren, die »gutes« Cholesterin begünstigen. Ganz zu schweigen von der Tatsache, dass Schokolade lediglich 1 mg Cholesterin pro 100 g enthält.

Macht Schokolade dick?

Jedes im Übermaß genossene Lebensmittel macht dick. 100 g Schokolade enthalten rund 600 kcal, ebenso viel wie geröstete

Erdnüsse. Von einem kleinen Stückchen Schokolade zur Tasse Kaffee
(36 kcal) wird daher niemand dick.

Zartbitter oder Vollmilch –
welche hat mehr Kalorien?

Der Brennwert hängt vom Kakao-
bzw. Zuckeranteil ab. Je mehr
Kakao, desto weniger Zucker
enthält die Schokolade. Zartbitterschokolade enthält oft weniger
Zucker als weiße oder Vollmilchschokolade.

Schneeschlagen links-
oder rechtsherum?

Beim Schlagen von Eischnee ist die
Richtung unerheblich, und man
kann sogar die Richtung ändern,
ohne dass der Eischnee misslingt.
Das einzig Wichtige beim Schnee-
schlagen ist die leichte Auf-und-
ab-Bewegung, durch die Luft in
den Eischnee gelangt.

Das richtige Vorbereiten der Form
– mit Butter, Mehl oder Zucker?

In einer gebutterten Form kann
der Teig besser aufgehen, weil die
Wände schön glatt sind. Dasselbe
gilt auch für eine gemehlte Form.
Durch den Zucker im Teig bleibt
der Teig am Rand der Form hängen,
wodurch er nach dem Herausnehmen aus dem Ofen weniger
schnell zusammenfällt. Streut man
die gefettete Form mit Zucker aus,

bekommt der Kuchen eine knusprige Außenseite. Allerdings neigen
Kuchen mit hohem Zuckergehalt
zum Anhängen. Bei diesen Kuchen
und solchen, die im Wasserbad
gebacken werden, legt man den
Boden der Form am besten mit
Backpapier aus.

REZEPTE

Die folgenden Rezepte stellen Ihnen acht unterschiedliche Grundtypen von Schokoladenkuchen vor und zeigen Ihnen Schritt für Schritt, wie's geht und wie Ihnen ein perfektes Resultat gelingt.

MOELLEUX
DER WEICHE

Ein eklatanter Kontrast zwischen zwei Konsistenzen:
knusprige Kruste und weicher, saftiger Kern.
Ein toller Familienkuchen. Ausgeglichener Schokoladenanteil.

Für 6 bis 8 Personen
Kuchen- oder Springform von
24 cm Durchmesser
Zubereitungszeit: 25 Minuten
Backzeit: 20 Minuten
Ofentemperatur: 190 Grad
Haltbarkeit: 2 bis 3 Tage bei
Raumtemperatur

Zutaten
200 g Zartbitterschokolade 70 %
200 g Butter
30 g Mehl
5 Eier, getrennt
200 g Zucker

Konsistenz
Aufgrund der hohen Ofentemperatur und der Zugabe von Eischnee
bildet sich eine himmlische
Kruste. Ein Hauch von Mehl gibt
dem Kuchen Halt, ohne ihn trocken
zu machen. Der Kuchen ist am
zweiten Tag sogar noch besser, weil
der saftige Kern dann eine trüffelartige Konsistenz annimmt.

Der Kuchen geht im Ofen schön auf und fällt danach meist wieder etwas zusammen, was ihm seine typische brüchige Kruste verleiht.

Schritt für Schritt

1. Die Form mit Backpapier auskleiden. Den Ofen auf 190 Grad vorheizen.
2. Die Schokolade im Wasserbad oder in der Mikrowelle schmelzen, die zerkleinerte Butter einrühren und ebenfalls schmelzen. Alles gut zu einer homogenen Masse verrühren. Lauwarm abkühlen lassen.
3. Das Mehl unter die Schokoladen-Butter-Masse heben.
4. Die Eigelbe mit dem Zucker zu einer hellen, schaumigen Creme aufschlagen.
5. Die Schokoladenmasse unter die Eigelbcreme ziehen.
6. Die Eiweiße zu festem Schnee schlagen (siehe Seite 22).
7. Den Eischnee mit einem Teigschaber behutsam unter den Teig ziehen.
8. Den Teig in die Form füllen und 20 Minuten backen. Der Kuchen geht zuerst schön auf, fällt aber einige Minuten nach dem Herausnehmen aus dem Ofen wieder etwas zusammen, vor allem in der Mitte. Deshalb reißt die Kruste ein, was zu der typischen brüchigen Oberfläche führt. Leicht abkühlen lassen, dann aus der Form nehmen. Lauwarm oder kalt genießen.

Anmerkungen

– Zucker und Eigelb gut verrühren, sonst entstehen Klümpchen.
– Beim Herausnehmen aus dem Ofen scheint der Kuchen in der Mitte noch nicht durchgegart zu sein – doch keine Sorge, er wird schon fest.
– Ohne Backpapier ist der Kuchen nur sehr schwer aus der Form zu bekommen.

MOUSSEUX
DER CREMIGE

*Er ähnelt einer gegarten Mousse: sehr luftig, im Kern gerade eben
durch und mit einer himmlischen Kruste.
Ausgeglichener Schokoladenanteil.*

Für 6 Personen
Tortenform (Springform) von
24 cm Durchmesser
Zubereitungszeit: 15 Minuten
Backzeit: 25 Minuten
Ofentemperatur: zuerst 210 Grad,
dann 150 Grad

Zutaten
300 g Zartbitterschokolade 70 %
125 g Butter
6 Eier, getrennt
125 g Zucker

Konsistenz
Sehr eilastig und gehaltvoll, dafür
wenig Butter – dadurch ist der
Kuchen eher cremig als saftig. Ein
Kuchen ganz ohne Mehl. Der mit
Zucker aufgeschlagene Eischnee
ergibt eine köstliche Kruste.

Durch die Zuckerzugabe wird der Eischnee steif und kompakt.
Zieht man den Rührer aus dem Schnee, bleiben schnabelartige Spitzen stehen.

Schritt für Schritt

1. Den Ofen auf 210 Grad vorheizen. Die Form buttern, den Boden mit Backpapier belegen, die Wände mehlen.
2. Die Schokolade im Wasserbad oder in der Mikrowelle schmelzen, die Butter einrühren und ebenfalls schmelzen. Alles gut zu einer homogenen Masse verrühren. Lauwarm abkühlen lassen.
3. Die Eigelbe zu einer hellen Creme aufschlagen.
4. Die Eiweiße steif schlagen. Nach 2 Minuten den Zucker einrieseln lassen und weiter zu einem festen, glänzenden Eischnee schlagen.
5. Die lauwarme Schokoladenmasse unter die Eigelbcreme ziehen.
6. Den Eischnee behutsam darunterheben.
7. Den Teig in die Form füllen und die Oberfläche glatt streichen.
8. In den Ofen geben, die Temperatur sofort auf 150 Grad reduzieren und 25 Minuten backen.
9. Aus dem Ofen nehmen, 30 Minuten abkühlen lassen und dann aus der Form nehmen.

Anmerkungen

— Die geschmolzene Schokolade muss gut abkühlen, bevor man sie unter die Eiercreme hebt – sonst kann das Eigelb gerinnen.
— Je heißer der Ofen, desto knuspriger die Kruste.
— Die Größe der Form ist bei diesem Rezept sehr wichtig: Erst durch das richtige Verhältnis von Teighöhe und Backtemperatur entsteht der weiche Kern.
— Bei hoher Ofentemperatur bildet sich schnell eine Kruste, die wie ein Deckel das Innere des Kuchens schützt und weich bleiben lässt. Für einen saftigen Kern die Backzeit von 25 Minuten nicht überschreiten.
— Für eine trüffelartige Konsistenz den Kuchen vor dem Servieren 1 Stunde in den Kühlschrank stellen.
— Der Kuchen ist in Frischhaltefolie verpackt gut im Kühlschrank haltbar.

Varianten

— Weniger herb wird das Aroma, wenn 200 g der 70 %-igen Schokolade durch eine 50 %-ige Sorte ersetzt werden. Die Zuckermenge nicht verändern.
— Für eine trockenere Konsistenz die Backzeit bei gleicher Temperatur um 10 Minuten verlängern oder eine größere Form wählen.

WOLKENKUCHEN

*Eine bemerkenswerte Konsistenz: sehr locker und luftig
und gleichmäßig durchgebacken. Reich an Schokolade.*

Für 6 Personen
Tortenform (Springform) von
24 cm Durchmesser
Zubereitungszeit: 25 Minuten
Backzeit: 30 Minuten
Ofentemperatur: 170 Grad

Zutaten
150 g Zartbitterschokolade 70 %
135 g Butter
20 g Mehl
20 g Kakaopulver
5 Eier, getrennt
110 g Zucker

Konsistenz
Reichlich Eier und nur ganz wenig
Mehl. Der Kakao verstärkt den
schokoladigen Charakter, ohne den
Kuchen zu schwer zu machen.

Das Hinzufügen eines Eigelbs macht den Eischnee etwas weniger fest,
aber geschmeidiger; das Eigelb lässt sich gut darunterheben.

Schritt für Schritt

1. Den Ofen auf 170 Grad vorheizen. Die Form buttern.
2. Die Schokolade im Wasserbad oder in der Mikrowelle schmelzen, die zerkleinerte Butter einrühren und ebenfalls schmelzen. Alles gut zu einer homogenen Masse verrühren. Lauwarm abkühlen lassen.
3. Mehl und Kakaopulver zusammen sieben und unter die Schokoladenmasse mischen.
4. Die Eiweiße steif schlagen. Nach 2 Minuten den Zucker einrieseln lassen und weiter zu einem festen, glänzenden Eischnee schlagen.
5. Die Eigelbe verklopfen und mit dem Teigschaber unter den Eischnee heben.
6. Anschließend die Eischneemischung mit dem Teigschaber vorsichtig, so, dass sie nicht zusammenfällt, unter die Schokoladenmischung ziehen.
7. Den Teig in die Form füllen und 30 Minuten backen. Den Kuchen aus dem Ofen nehmen, 10 Minuten abkühlen lassen und aus der Form nehmen.

Anmerkungen

— Wichtig: Mehl und Kakao sieben; so gibt es keine Klümpchen.
— Dieser Kuchen lässt sich wunderbar im noch warmen Zustand aus der Form nehmen; abgekühlt könnte er in der Form kleben bleiben.
— Verwendet man eine große Form, erhält man einen relativ flachen Kuchen. In einer zu kleinen Form wird dieser Kuchen nicht optimal durchgebacken.
— Am besten am gleichen Tag genießen.

Variante

Für ein weniger herbes Aroma 75 g der 70 %-igen Schokolade durch die gleiche Menge Schokolade mit 50 %-igem Kakaoanteil ersetzen.

FONDANT
DER SCHMELZENDE

Eine schmelzende Konsistenz, sehr saftig, gleichmäßig und geschmeidig,
und eine dünne, knusprige, leicht karamellisierte Kruste.
Ein dichter, kompakter Kuchen, der reich an Schokolade und Butter ist.
Leichtes Karamellaroma.

Für 8 Personen
Tortenform (Springform) von
24 cm Durchmesser
Zubereitungszeit: 10 Minuten
Backzeit: 35 Minuten
Ofentemperatur: 210 Grad

Zutaten
300 g Zartbitterschokolade 70 %
250 g Butter
200 g Zucker
4 Eier
30 g Mehl

Konsistenz
Viel Butter und viel Schokolade
geben diesem Kuchen den zarten
Schmelz. Das Backen im Wasserbad
erhält die Feuchtigkeit im Kuchen.
Die hohe Backtemperatur lässt eine
feine Kruste entstehen. Am besten
backt man diesen Kuchen schon
am Vortag.

Noch knuspriger wird die Kruste, wenn man die Form nach dem Backen in kaltes Wasser taucht.

Schritt für Schritt

1. Den Ofen auf 210 Grad vorheizen. Die Form buttern und den Boden mit Backpapier auslegen.
2. Die Schokolade im Wasserbad oder in der Mikrowelle schmelzen, die zerkleinerte Butter einrühren und ebenfalls schmelzen. Alles gut zu einer homogenen Masse verrühren. Lauwarm abkühlen lassen.
3. Den Zucker hinzufügen und gut unter die Schokoladenmasse rühren.
4. Die Eier mit dem Mehl zu einer hellen Creme aufschlagen.
5. Die Schokoladenmasse unter die Eiercreme ziehen.
6. Den Teig in die Form füllen.
7. Den Kuchen 35 Minuten im Wasserbad backen. Dazu ein tiefes Backblech 2 Zentimeter hoch mit kochendem Wasser füllen und die Form direkt ins Wasser stellen.
8. Aus dem Ofen nehmen und den Kuchen sofort aus der Form lösen.

Anmerkungen

— Beim Einfüllen sollte die Teighöhe in der angegebenen Formengröße etwa 3 cm betragen. Bei einer kleineren Form und damit einem höheren Kuchen verlängert sich die Backzeit, bei einer größeren Form (bis 30 cm Durchmesser) verringert sie sich dementsprechend (siehe Variante).
— Es ist nicht ganz einfach, diesen Kuchen aus der Form zu lösen. Deshalb den Boden der Form unbedingt mit Backpapier auslegen oder eine gut gefettete Silikonform verwenden.
— Für eine schöne Krustenbildung die Form direkt nach dem Backen 20 Minuten in ein kaltes Wasserbad stellen.
— Dieser Kuchen schmeckt am nächsten Tag noch besser. Bei Raumtemperatur über Nacht stehen lassen. Bei Aufbewahrung im Kühlschrank bekommt er eine trüffelähnliche Konsistenz.

Variante

Eine noch feuchtere, schmelzendere Konsistenz erzielt man in einer Form mit kleinerem Durchmesser (ca. 20 cm), in der der Kuchen demensprechend höher wird. Die Backzeit im Wasserbad beträgt dann rund 1½ Stunden.

COULANT
DER FLÜSSIGE

Zweierlei Konsistenzen und ein toller Überraschungseffekt:
Direkt nach dem Backen ist der Kern noch flüssig,
mit dem Abkühlen verfestigt er sich.

Für 6 Personen
Zubereitungszeit: 15 Minuten
Backzeit: 15 Minuten
Ofentemperatur: 180 Grad

Zutaten
4 Eier
125 g Zucker
40 g Mehl
100 g Rahm
250 g Zartbitterschokolade 70 %
125 g Butter

Konsistenz
Rahm, Butter und Mehl geben
dem Kern eine himmlisch cremige
Konsistenz.

Für dieses sehr empfindliche Gebäck kleidet man die Formen mit Backpapier aus, damit es sich besser herauslösen lässt.

Schritt für Schritt

1. Kleine Portionen-Backringe mit Backpapier auskleiden und auf ein gefettetes Backblech stellen; das Papier oben großzügig überstehen lassen. Alternativ sehr gut gefettete Silikon- oder andere Portionenformen verwenden. Den Ofen auf 180 Grad vorheizen.
2. Eier und Zucker zu einer hellen, cremigen Masse aufschlagen.
3. Das Mehl hinzufügen und weiterrühren.
4. Anschließend den Rahm darunterrühren.
5. Die Schokolade im Wasserbad oder in der Mikrowelle schmelzen, die zerkleinerte Butter beifügen und ebenfalls schmelzen. Alles gut zu einer homogenen Masse verrühren. Etwas abkühlen lassen.
6. Die Schokoladenmasse unter die Eiermischung ziehen und glatt rühren.
7. Den Teig in die Formen füllen (siehe Anmerkungen). Im vorgeheizten Ofen 15 Minuten backen; rüttelt man am Blech, muss sich der flüssige Kern der Törtchen noch sichtbar bewegen.
8. Die Törtchen noch warm vorsichtig aus den Formen lösen; je weniger durchgebacken sie im Kern sind, desto zerbrechlicher ist das Äußere. Lauwarm servieren.

Anmerkungen

– Die Törtchen können ungebacken im Kühlschrank oder Gefrierfach aufbewahrt und erst im letzten Augenblick vor dem Servieren gebacken werden. Direkt aus dem Gefrierfach einige Minuten länger backen. So bleibt das Innere schön flüssig.
– Aufgepasst beim Herauslösen aus der Form: Das Gebäck kann leicht brechen und der flüssige Kern auslaufen.
– Man kann die Coulants auch im Voraus backen und kurz vor dem Servieren in der Mikrowelle nochmals erwärmen. So verflüssigt sich der Kern erneut.

Varianten

– Puristen füllen die Coulants mit einer anderen Konsistenz als Kern, normalerweise mit einer Masse aus Schokolade und Butter.
– Eine einfache Alternative: Ein Stück Schokolade in die Mitte des Törtchens geben … warum nicht einmal weiße Schokolade?
– Die Hälfte des Mehl durch Speisestärke ersetzen – so wird das Gebäck noch luftiger.

BROWNIES

*Wiederum eine Verbindung von zwei unterschiedlichen Konsistenzen:
eine knusprige Kruste und knackige Einschlüsse.
Ein kompaktes, aber zart schmelzendes Gebäck.
Ausgewogener Schokoladenanteil.*

Für 8 Personen
Zubereitungszeit: 15 Minuten
Backzeit: 20 Minuten
Ofentemperatur: 170 Grad

Zutaten
180 g Pekannüsse
200 g Zartbitterschokolade 70 %
180 g Butter
3 Eier
100 g Raffinadezucker
180 g Cassonade-Zucker
100 g Crème fraîche
110 g Mehl
Cassonade-Zucker zum Ausstreuen
der Form

Konsistenz
Der hohe Zuckeranteil macht die
Brownies schön saftig, Cassonade-
Zucker gibt ihnen eine besonders
knusprige Textur. Der Teig geht
kaum auf, da weder Eischnee noch
Backpulver verwendet wird;
außerdem macht auch die Crème
fraîche den Teig schwerer.

Wenn man die gefettete Form mit Zucker ausstreut,
entsteht eine besonders knusprige Kruste.

Schritt für Schritt

1. Den Ofen auf 170 Grad vorheizen.
2. Die Pekannüsse in einer sehr heißen Pfanne trocken (das heißt ohne weitere Fettzugabe) rösten – so entfalten sie ihr ganzes Aroma und werden schön knusprig.
3. Die Schokolade im Wasserbad oder in der Mikrowelle schmelzen, die zerkleinerte Butter beifügen und ebenfalls schmelzen. Alles gut zu einer homogenen Masse verrühren.
4. Die Eier, den weißen und den Cassonade-Zucker verrühren.
5. Die Eimischung unter die Schokoladenmischung rühren.
6. Anschließend Crème fraîche, Mehl und Nüsse dazugeben und nach jeder neuen Zutat ausgiebig rühren.
7. Ein tiefes Backblech oder eine rechteckige Form buttern und dicht mit Cassonade-Zucker ausstreuen.
8. Den Teig in die Form füllen und im vorgeheizten Ofen 20 Minuten backen.

Anmerkungen

— Traditionell bäckt man Brownies in einer rechteckigen Form. Der Teig soll in der Form eine Höhe von etwa 3 cm haben.
— Um zu prüfen, ob der Teig durchgebacken ist, sticht man mit einer Messerspitze in den Teig – beim Herausziehen sollte nur ganz wenig Teig daran kleben.
— Nach dem Backen abkühlen lassen und erst dann aus der Form nehmen.

Variante

Die Pekannüsse kann man durch Haselnüsse, Walnüsse, Pistazien oder Pinienkerne ersetzen. Letztere sollte man ebenfalls rösten, damit sie schön knackig sind.

SCHOKOLADENRÜHRKUCHEN

*Ein lockerer Schokoladenkuchen, der in einer Kastenform (Cakeform)
gebacken wird. Gleichmäßige, eher trockene Konsistenz
mit oben typisch aufgeplatzter Kruste. Die relativ feste Konsistenz
übersteht auch das Stürzen aus der Form problemlos.*

Für 6 Personen
Kastenform (Cakeform) von
25 cm Länge
Zubereitungszeit: 15 Minuten
Backzeit: 10 + 30 Minuten
Ofentemperatur: zuerst 200 Grad,
dann 150 Grad

Konsistenz
Der hohe Mehlanteil hält den
Kuchen zusammen. Backpulver
und Kakaopulver (anstelle
von Schokolade) sorgen für eine
lockere Konsistenz.

Zutaten
200 g Butter
200 g Zucker
4 Eier
160 g Mehl
40 g Kakaopulver
4 g Backpulver

*Beim Aufschneiden erkennt man sehr schön die vom Backpulver
aufgetriebenen Luftbläschen.*

Schritt für Schritt

1. Den Ofen auf 200 Grad vorheizen.
2. Die Butter in der Mikrowelle weich werden lassen (aber nicht zum Schmelzen bringen!).
3. Die weiche Butter mit dem Zucker schaumig schlagen.
4. Nach und nach unter Rühren die Eier hinzufügen. Insgesamt 5 Minuten rühren.
5. Mehl, Kakaopulver und Backpulver zusammen sieben und mischen. Unter die Butter-Zucker-Masse ziehen und alles zu einem glatten Teig verrühren.
6. Die Form fetten und mehlen. Den Teig einfüllen.
7. In den Ofen schieben und 10 Minuten bei 200 Grad backen, dann die Ofentemperatur auf 150 Grad reduzieren und weitere 30 Minuten backen. Mit einer Messerspitze prüfen, ob der Kuchen durchgebacken ist.
8. Den Kuchen aus dem Ofen nehmen und kurz abkühlen lassen; dann aus der Form stürzen.

Anmerkungen

– Der perfekte Familienkuchen: saftig und im Kern leicht feucht.
– Der Kuchen ist am nächsten Tag noch besser, da der Kern dann eine trüffelartige Konsistenz annimmt.
– Bei Raumtemperatur einige Tage haltbar.

SCHOKOLADENBISKUIT

Ein sehr leichter, trockener Teig. Für eine Biskuitrolle (-roulade)
wird er als Teigplatte von höchstens 1 cm Dicke gebacken.

Für 1 Backblech
Zubereitungszeit: 20 Minuten
Backzeit: 7 Minuten
Ofentemperatur: 240 Grad

Zutaten
4 Eier, getrennt
75 g Zucker
70 g Mehl
15 g Kakao
35 g Butter

Konsistenz
Ein herrlich lockerer und feiner
Biskuitteig mit einem hohen
Eianteil und sehr wenig Butter.
Die Schokolade wird durch Kakao-
pulver ersetzt.

Biskuitteig ist sehr zerbrechlich. Um ihn problemlos vom Blech zu bekommen, braucht es unbedingt ein Backpapier.

Schritt für Schritt

1. Den Ofen auf 240 Grad vorheizen.
2. Die Eigelbe und den Zucker 5 Minuten mit einem Teigschaber gründlich vermischen.
3. Mehl und Kakao sieben und hinzufügen.
4. Die Butter im Wasserbad oder in der Mikrowelle schmelzen und unter den Teig rühren.
5. Die Eiweiße steif schlagen und behutsam unter den Teig ziehen.
6. Das Backblech mit Backpapier auslegen. Den Teig vorsichtig und langsam daraufgeben (sodass die in ihm enthaltenen feinen Luftbläschen nicht platzen) und mit einem Teigschaber gleichmäßig verteilen. Die Teighöhe sollte höchstens 7 mm betragen.
7. Im vorgeheizten Ofen 7 Minuten backen.
8. Das Blech aus dem Ofen nehmen und die Teigplatte sofort auf ein kaltes, leicht eingeöltes Blech stürzen. Das Backpapier vorsichtig abziehen und den Teig mit einem sauberen, leicht angefeuchteten Küchentuch bedecken.
9. Der Teig muss auch nach dem Erkalten feucht bleiben, damit er sich anschließend mühelos weiterverarbeiten lässt, zum Beispiel zu einer Biskuitrolle.

Anmerkungen

— Die zerlassene Butter muss gut abkühlen, bevor man sie zur Eigelbmischung gibt, da das Eigelb sonst gerinnen könnte.
— Beim Auftragen und Glattstreichen des Teigs auf dem Backblech sehr vorsichtig mit dem Teigschaber umgehen, um nicht die Luftbläschen zu zerstören, die dem Teig seine Luftigkeit geben.
— Aufgepasst: Der Teig enthält nur wenig Butter, ist also sehr fein und relativ trocken. Deshalb darf man ihn nicht zu lange im Ofen lassen; sonst wird er brüchig.

KÖSTLICHE
VARIANTEN

Andere Zutaten und andere Garmethoden.

FUDGE

Vollmilchschokolade verleiht dieser Leckerei einen intensiven Karamellgeschmack.
Kompakt, zart schmelzend und mit knuspriger Kruste.

Für 6 Personen
Springform von 24 cm
Durchmesser
Zubereitungszeit: 10 Minuten
Backzeit: 25 Minuten
Ofentemperatur: 190 Grad

Zutaten
200 g Vollmilchschokolade
150 g Butter
150 g Zucker
5 Eier
30 g Mehl

Schritt für Schritt

1. Den Ofen auf 190 Grad vorheizen. Die Schokolade im Wasserbad oder in der Mikrowelle schmelzen, die zerkleinerte Butter dazugeben und unter Rühren ebenfalls schmelzen. Alles gut zu einer homogenen Masse verrühren.
2. Den Zucker einrühren.
3. Nach und nach die Eier hinzugeben und nach jedem Ei gut rühren.
4. Das Mehl mit einem Schneebesen darunterrühren.
5. Die Form buttern und den Boden mit Backpapier auslegen.
6. Den Teig in die Form füllen und 25 Minuten backen.

Konsistenz

— Vollmilchschokolade gibt dem Fudge ein herrliches Karamellaroma. Mit Zartbitterschokolade wird das Karamellaroma weniger intensiv.
— Die fünf Eier sind unverzichtbar; sie geben dem Fudge seinen zarten Schmelz.
— Die geringe Mehlmenge ergibt eine schmelzende Konsistenz.

SCHNELLER MOELLEUX

Dank des Mehls nicht fettig und von stabiler Konsistenz.
Der Kern bleibt schön feucht. Ideal für Kindergeburtstage.

Für 6 Personen
Springform von 20 cm Durchmesser oder kleine Portionsformen
Zubereitungszeit: 5 Minuten
Backzeit: 10 Minuten
Ofentemperatur: 220 Grad

Zutaten
100 g Zartbitterschokolade 70 %
100 g Butter
2 Eier
140 g Zucker
75 g Mehl

Schritt für Schritt
1. Den Ofen auf 220 Grad vorheizen.
2. Die Schokolade im Wasserbad oder in der Mikrowelle schmelzen, die zerkleinerte Butter dazugeben und unter Rühren ebenfalls schmelzen. Alles gut zu einer homogenen Masse verrühren.
3. Die Eier und den Zucker kräftig zu einer cremigen Masse aufschlagen.
4. Das Mehl einrühren.
5. Dann die Schokoladenmasse einrühren.
6. Die Form buttern und den Teig hineinfüllen.
7. Im vorgeheizten Ofen 10 Minuten backen.

Varianten
– Man kann den Teig auch in kleinen Portionsformen backen, dann verkürzt sich die Backzeit auf 5 Minuten.
– Wenn man die Hälfte des Zuckers durch Cassonade-Zucker ersetzt, wird das Gebäck außen noch knuspriger und karamelliger.

Konsistenz
– Die relativ große Zuckermenge lässt das Äußere schön karamellisieren.
– Der hohe Mehlanteil gibt dem Kuchen eine solide Konsistenz.

KÖNIGIN VON SABA

Ein saftiger, reichhaltiger, kompakter Kuchen
mit einem intensiven Mandelaroma.
Die gemahlenen Mandeln sorgen für eine leicht körnige Konsistenz.

Für 6 Personen
Springform von 22 cm
Durchmesser
Zubereitungszeit: 15 Minuten
Backzeit: 30 Minuten
Ofentemperatur: 180 Grad

Zutaten
125 g Zartbitterschokolade 70 %
100 g Butter
3 Eier, getrennt
125 g Zucker
30 g Maisstärke
75 g gemahlene Mandeln

Schritt für Schritt

1. Den Ofen auf 180 Grad vorheizen.
2. Die Schokolade im Wasserbad oder in der Mikrowelle schmelzen, die zerkleinerte Butter dazugeben und unter Rühren ebenfalls schmelzen. Alles gut zu einer homogenen Masse verrühren.
3. Die Eigelbe und den Zucker schaumig aufschlagen.
4. Die Schokoladenmasse unter die Eigelbmischung rühren.
5. Maisstärke und Mandeln vermischen und ebenfalls darunterziehen.
6. Die Eiweiße steif schlagen und behutsam unter den Teig heben.
7. Die Form buttern, mehlen und den Teig hineinfüllen. 30 Minuten backen. Der Kern des Kuchens soll leicht feucht bleiben.

Anmerkung

Der Eischnee macht den Kuchen locker und stellt ein Gegenwicht zu den gemahlenen Mandeln dar, die schwerer als Mehl sind.

Konsistenz

Die Maisstärke und die gemahlenen Mandeln ersetzen in diesem Kuchen die entsprechende Menge Mehl. Maisstärke macht den Kuchen lockerer als Mehl.

MOELLEUX OHNE BUTTER

Die Butter wird durch Crème fraîche und Öl ersetzt.
Ein Kuchen von luftiger, saftiger, feuchter Konsistenz mit weicher Kruste.

Für 8 Personen
Form von 24 cm Durchmesser oder
22 cm Kantenlänge
Zubereitungszeit: 15 Minuten
Backzeit: 20 Minuten
Ofentemperatur: 180 Grad

Zutaten
300 g Zucker
2 Eier
140 g Öl
360 g Crème fraîche
200 g Mehl
85 g Kakaopulver
7 g Backpulver

Schritt für Schritt

1. Den Ofen auf 180 Grad vorheizen.
2. Die Eier unter Rühren nach und nach zum Zucker geben und zu einer schaumigen Creme aufschlagen.
3. Öl und Crème fraîche darunterrühren.
4. Mehl, Kakao und Backpulver mischen, dazugeben und alles zu einem glatten Teig rühren.
5. Den Teig in die gefettete Form füllen und 20 Minuten backen.

Anmerkung

Aufgrund seiner luftigen und saftigen Konsistenz den Kuchen besser erst nach dem Erkalten aus der Form lösen.

Konsistenz

– In diesem Rezept sorgen nicht Schokolade und Butter, sondern Öl und Crème fraîche für den Fettanteil. Die Crème fraîche sorgt für einen zarten Schmelz.
– Das Mehl gibt dem Kuchen Halt.

MOELLEUX
AUS DER MIKROWELLE

Ein saftiger, luftiger Kuchen, der seine feuchte Konsistenz behält
und kaum austrocknet.

Für 6 Personen
Silikonform von 24 cm
Durchmesser
Zubereitungszeit: 10 Minuten
Backzeit: 6 Minuten

Zutaten
125 g Zartbitterschokolade 70 %
100 g Butter
100 g Zucker
3 Eier
50 g Mehl
95 g Crème fraîche
3 g Backpulver

Schritt für Schritt

1. Den Ofen auf 220 Grad vorheizen.
2. Die Schokolade in der Mikrowelle bei 500 Watt schmelzen (ca. 1½ Minuten), die zerkleinerte Butter hinzufügen und ebenfalls in der Mikrowelle in etwa 30 Sekunden schmelzen. Gut verrühren.
3. Den Zucker und die Eier schaumig aufschlagen.
4. Die Schokoladenmischung unter die Eiermischung rühren.
5. Mehl und Backpulver dazugeben.
6. Anschließend die Crème fraîche hinzufügen und alles gut verrühren.
7. Den Boden der Form mit Backpapier auslegen. Den Teig hineinfüllen.
8. Den Kuchen bei 500 Watt in der Mikrowelle in drei Etappen garen: zuerst 3 Minuten, dann 2 Minuten und schließlich 1 Minute; nach jeder Etappe 2 Minuten ruhen lassen.

Anmerkung

Der Teig geht in der Mikrowelle deutlich auf; deshalb eine Form mit genügend hohem Rand wählen.

Konsistenz

Das Backpulver macht den Kuchen locker, und die Crème fraîche sorgt für Cremigkeit. Der Kuchen besitzt keine feste Kruste.

FONDANT
AUS DEM DAMPFKOCHTOPF

Eine feste, zart schmelzende Konsistenz.

Für 6 bis 8 Personen
Runde, hohe Kuchenform von
18 cm Durchmesser
Zubereitungszeit: 25 Minuten
Garzeit: 50 Minuten
Dampfkochtopf: Position 1

Zutaten
250 g Zartbitterschokolade 70 %
250 g Zucker
250 g Butter
4 Eier
25 g Mehl
3 g Backpulver

Schritt für Schritt

1. In einem Topf bei niedriger Hitze die zerkleinerte Schokolade mit dem Zucker schmelzen und glatt rühren. Lauwarm abkühlen lassen.
2. Die zerkleinerte Butter, die verklopften Eier und das Mehl einrühren.
3. Die Form mit Alufolie auskleiden.
4. Den Teig einfüllen, mit Alufolie, Back- oder Pergamentpapier bedecken und mit Kordel oder Küchengarn fixieren.
5. Den Schnellkochtopf mit 750 ml Wasser füllen, die Form auf den Dampfeinsatz stellen, den Topf fest verschließen und das Ventil auf Position 1 stellen. Auf höchster Stufe erhitzen, bis das Ventil pfeift, dann die Hitze reduzieren und den Kuchen 50 Minuten garen.
6. Die Kuchenform aus dem Dampfkochtopf nehmen und gut abkühlen lassen. Dann mindestens 2 Stunden in den Kühlschrank stellen.

Anmerkungen

– Durch sofortiges Eintauchen der Form in kaltes Wasser lässt sich die Abkühlzeit etwas verkürzen.
– Den Kuchen erst unmittelbar vor dem Servieren aus der Form nehmen.

Konsistenz

Durch das Garen im Schnellkochtopf wird der Kuchen schön feucht und erhält einen zarten Schmelz. Er hat keine Kruste.

SCHOKOLADEN-MARQUISE

Eher ein Dessert als ein Kuchen.
Sehr lockere, sämige, cremige Konsistenz.

Für 6 Personen
Zubereitungszeit: 25 Minuten
Kühlzeit: 12 Stunden

Zutaten
100 g Butter
3 sehr frische Eier, getrennt
125 g Zartbitterschokolade 70 %
100 g Zucker

Schritt für Schritt

1. Die Butter in der Mikrowelle weich werden lassen. Butter und Eigelbe schaumig schlagen. Den Zucker dazugeben und noch einige Minuten zu einer homogenen Masse rühren.
2. Die Schokolade in der Mikrowelle oder im Wasserbad schmelzen und unter die Buttermasse rühren.
3. Die Eiweiße steif schlagen und unter die Schokoladenmasse ziehen.
4. Portions-Backringe mit Backpapierstreifen auskleiden (siehe Seite 68) und auf ein gefettetes Blech stellen; die Papierstreifen oben reichlich überstehen lassen.
5. Die Masse vorsichtig in die Backringe füllen und über Nacht im Kühlschrank fest werden lassen.
6. Die Backringe vorsichtig entfernen und die Marquises vor dem Servieren mit Kakaopulver bestäuben.

Anmerkung

Statt der Backringe kann man auch kleine Portionsformen verwenden, die man mit Klarsichtfolie auskleidet.

Konsistenz

- Dieses Rezept kommt ganz ohne Mehl aus und wird auch nicht gebacken.
- Die nicht gelösten Zuckerkristalle dürfen noch spürbar sein.

SCHOKOLADENTRÜFFEL

Ohne Backen, ohne Eier, ohne Mehl. Sehr kompakte,
zartschmelzende Konsistenz. Kalt zu genießen.

Für 10 Personen
Quadratischer Backrand von
15 cm Kantenlänge
Zubereitungszeit: 10 Minuten
Kühlzeit: 12 Stunden

Zutaten
200 g Zartbitterschokolade 70 %
125 g Butter
30 g gemahlene Mandeln
2 Prisen Fleur de Sel
Kakaopulver zum Bestäuben

Schritt für Schritt
1. Die Schokolade in der Mikrowelle oder im Wasserbad schmelzen.
   Die zerkleinerte Butter einrühren und ebenfalls schmelzen lassen.
2. Mandeln und Fleur de Sel hinzufügen und glatt rühren.
3. Ein Blech buttern und mit Backpapier belegen. Den Backrand ebenfalls buttern und daraufsetzen. Die Masse einfüllen.
4. Über Nacht im Kühlschrank fest werden lassen.
5. Mit einem spitzen Messer dem Formenrand entlang lösen und
   den Rand abziehen. Nach Belieben in Portionsstücke schneiden
   und mit Kakao bestäuben.

Anmerkung
Aus einer Form ohne Boden (also einem Backrand) lässt sich die fest-
gewordene Masse am besten herauslösen. Andernfalls eine quadratische
Form mit Backpapier auskleiden (Ecken einschneiden).

Konsistenz
- Die gemahlenen Mandeln geben der Masse Körper.
- Das Fleur de Sel balanciert die Süße aus.
- Der Kakao ergibt eine samtige Optik, die wunderbar mit dem glänzen-
  den, feuchten Kern kontrastiert.

SCHOKOLADENPARFAIT

Eistorte – kalter, purer Schokoladengenuss.

Für 6 bis 8 Personen
Quadratische Form (20 cm Kan-
tenlänge) oder lange Kastenform
(Cakeform)
Zubereitungszeit: 20 Minuten
Gefrierzeit: 12 Stunden

Zutaten
200 g Zartbitterschokolade 70 %
90 g Zucker
4 sehr frische Eier, getrennt
250 g Rahm

Schritt für Schritt
1. Die Schokolade im Wasserbad oder in der Mikrowelle schmelzen.
   Beiseite stellen.
2. Den Zucker mit 2 EL heißem Wasser auflösen.
3. Die Eigelbe zu dem gelösten Zucker geben und kräftig verrühren.
   Dann die Eigelb-Zucker-Mischung unter die geschmolzene Schokolade
   ziehen.
4. Die Eiweiße steif schlagen und behutsam unter die Schokoladenmasse heben.
5. Den Rahm steif schlagen und vorsichtig darunterheben.
6. Die Form mit Klarsichtfolie auskleiden. Die Masse einfüllen und über
   Nacht im Tiefkühler fest werden lassen.

Anmerkung
Rührbesen und Rührschüssel im Tiefkühler vorkühlen. Auch der Rahm
sollte direkt aus dem Kühlschrank kommen.

Konsistenz
– Da rohe Eier verwendet werden, müssen sie so frisch wie möglich sein.
– Der Rahm verleiht der Schokolade einen herrlichen Schmelz.

ANHANG

GLOSSAR

Adrenalin: Hormon, das bei Stress ausgeschüttet wird. Es beschleunigt die Kontraktionen des Herzmuskels und somit den Herzschlag und erhöht den Blutdruck.

Anandamid: Körpereigener, im Gehirn vorkommender Neurotransmitter. Kommt in winzigen Mengen auch in Kakao vor, was die euphorisierende Wirkung von Schokolade erklärt.

Antioxidantien: Nahrungsbestandteile, die in unserem Körper freie Radikale binden.

Asparaginsäure: Hauptbestandteil des Süßstoffs Aspartam.

Ballaststoffe: Fasern, die für das Funktionieren unseres Verdauungsapparats unverzichtbar sind. Ballaststoffreiche Nahrungsmittel sind in der Regel fett- und kalorienarm und vermitteln ein Sättigungsgefühl.

Cholesterin: Wichtiger Bestandteil der menschlichen Körperzellen. Lebensmittel tierischer Herkunft sind reich an Cholesterin. Ein hoher Cholesterinspiegel im Blut ist die Folge eines ungesunden Lebensstils und kann zu kardiovaskulären Erkrankungen führen.

Dopamin: Neurotransmitter, der unter anderem Glücksgefühle fördert.

Eier trennen: Das Eiweiß vom Eigelb trennen.

Eischnee schlagen: Eiweiß mit dem Schneebesen oder dem Handrührgerät steif schlagen.

Eisen: Spurenelement, das für die Energiebereitstellung in der Zelle unverzichtbar ist.

Emulsion: Mixtur aus zwei Flüssigkeiten (zum Beispiel Eier und flüssige Butter).

Endomorphine: Neurotransmitter, die für körperliches Wohlbefinden sorgen.

Epinephrin: Ein mit dem Adrenalin verwandtes Hormon.

Fette/Fettsäuren (auch Lipide): Liefern dem Körper Energie. Man unterscheidet drei Kategorien: gesättigte, einfach gesättigte und mehrfach gesättigte Fette bzw. Fettsäuren.

Flavonoide: Substanzen pflanzlicher Herkunft, die Bestandteil von Antioxidantien sind. Sind in Schokolade enthalten.

Fluor: Spurenelement, das im Zahnschmelz enthalten ist und die Zähne widerstandsfähig gegen Bakterien macht. Ist in Schokolade enthalten.

Folat: Derivat der Folsäure bzw. des Vitamin B_9.

Freie Radikale: Toxine, die sich in der Luft, im Wasser und in Nahrungsmitteln befinden. Werden auch von unserem Körper produziert.

Fruktose: Einfacher Zucker, der in Obst, Honig und bestimmten Gemüsesorten enthalten ist. Wird langsamer abgebaut als Glukose.

Garprobe: Mit einer Messerspitze oder einem Holzspieß in die Mitte des Kuchens stechen. Der Teig ist durchgegart bzw. fertig gebacken, wenn es beim Herausziehen sauber bleibt, also kein Teig mehr daran klebt.

Gelieren: Stärke nimmt während der Backzeit Wasser auf und quillt. Der größte Teil des im Teig enthaltenen Wassers wird von der Stärke aufgesaugt.

Glukose: Einfacher Zucker.

Gluten: Klebereiweiß, Stoffgemisch aus Proteinen. Bestandteil des Mehls. Hat für die Backeigenschaften von Mehl eine zentrale Bedeutung.

Jod: Für unseren Organismus unverzichtbares Spurenelement.

Kalium: In erster Linie in Obst und Gemüse enthalten. Trägt zur Blutdrucksenkung bei.

Kalorien: Energiereserven. Von unserem Organismus nicht verbrannte Kalorien werden in Form von Fettreserven gespeichert.

Kalzium: Element, das in zahlreichen Lebensmitteln enthalten ist (Milch, Butter, Eier, Schokolade u.v.m.).

Karotin: Orangefarbenes Farbpigment.

Koffein: Stimulans, das unmittelbar anregend auf das zentrale Nervensystem wirkt und den Blutdruck erhöht. Ist in Schokolade enthalten.

Kohlenhydrate: Eine Energiequelle unseres Körpers. Man unterscheidet einfache Kohlenhydrate, komplexe Kohlenhydrate und Ballaststoffe.

Konalbumin: Eines der im Eiweiß enthaltenen Proteine.

Kupfer: Ein für den menschlichen Organismus unverzichtbares Spurenelement. Hält Knochen, Knorpel und Sehnen gesund. Ist auch an der Bildung von Hämoglobin beteiligt.

Lecithin: Emulgator, der unterschiedliche Komponenten miteinander verbindet. Lecithin macht Nahrungsmittel geschmeidig und gibt ihnen Volumen, indem es auf die Elastizität und Viskosität des Glutens einwirkt. Lecithin begünstigt zudem Verbindungen zwischen Wasser und Fett.

Magnesium: Für unseren Organismus unverzichtbares Spurenelement, das gegen Stress und Müdigkeit wirkt. Schokolade ist reich an Magnesium; man findet es auch in Nüssen, Mandeln, Getreide, Spinat u.v.m.

Maillard-Reaktion: Chemische Reaktionen, die man beim Garen von Lebensmitteln beobachten kann.

Mangan: Spurenelement, das gegen freie Radikale wirkt.

Mineralstoffe: Zusammen mit anderen Nährstoffen unterstützen sie das reibungslose Funktionieren des menschlichen Organismus.

Natrium: Salz. Zu viel Salz erhöht das Risiko für Bluthochdruck.

Natron: Backtriebmittel.

Ovalbumin: Bestandteil des Eiweißes, das es ihm erlaubt, eine schaumige oder feste Konsistenz anzunehmen.

Ovomuzin: Protein; Bestandteil des Eiweißes.

Phenylalanin: Aromatische Aminosäure, die Bestandteil von Aspartam ist.

Phenylethylamin (PEA): Glückshormon. Befindet sich im menschlichen Gehirn – und in Schokolade.

Phosphor: Spurenelement, das die Gesundheit der Zähne und Knochen unterstützt.

Polyphenole: Natürliche Substanzen pflanzlicher Herkunft, die antioxidativ wirken. Schokolade enthält viel davon.

Proteine: Sind in zahlreichen Nahrungsmitteln enthalten. Können pflanzlicher oder tierischer Herkunft sein.

Rahm: Sahne, Schlagsahne, Schlagrahm. Rahm sollte möglichst frisch sein, damit die Schlagsahne schön steif wird. Rührschüssel und Rührer idealerweise zuvor in den Tiefkühler geben.

Saccharose: Aus Zuckerrüben oder Zuckerrohr gewonnener Zucker.

Schaumig schlagen: Eier und Zucker kräftig aufschlagen, sodass eine helle, dick-cremige Masse entsteht.

Schlagen: Das Vermischen von Zutaten durch kräftiges Rühren mit Schneebesen, Gabel oder elektrischem Handrührgerät.

Selen: Für den menschlichen Organismus unverzichtbares Spurenelement.

Sieben: Trockene Zutaten durch ein feines Sieb streichen. Für klumpenfreie Teige empfiehlt es sich, Mehl und Kakaopulver zu sieben. Backpulver wird zusammen mit dem Mehl gesiebt, damit es sich besser verteilt und der Teig dann gleichmäßiger aufgeht.

Silikonschaber: Teigschaber zum Auskratzen und Glattstreichen, der auch hohen Temperaturen standhält.

Spurenelemente: Zink, Selen, Magnesium, Kupfer, Eisen u. v. m. sind für unseren Körper wichtige Spurenelemente.

Stärke: Komplexes Kohlenhydrat und Hauptbestandteil unserer Nahrung.

Tannin: Pflanzliche Gerbstoffe. Sie finden sich in praktisch allen pflanzlichen Lebensmitteln.

Teig: Mischung verschiedener Zutaten, die zur Herstellung einer Speise, insbesondere eines Gebäcks dient.

Theobromin: Sanftes stimmungsaufhellendes Stimulans mit anhaltender Wirkung. Wird oft mit Koffein verwechselt.

Vitamine: Sind in Obst und Gemüse enthalten. Eine abwechslungsreiche, ausgewogene Ernährung sorgt für eine ausreichende Vitaminzufuhr.

Wasserbad: Methode zum behutsamen Erwärmen, Schmelzen oder Garen von Zutaten oder Speisen. Dazu stellt man ein hitzebeständiges Gefäß mit den betreffenden Zutaten in bzw. über einen größeren Topf mit köchelndem Wasser.

Weinstein: Einer der Bestandteile von Backpulver.

Xanthophylle: Neben den Karotinen zweite wichtige Gruppe der Karotinoide. Farbmoleküle mit gelber, oranger oder roter Färbung.

Zink: Für unseren Organismus unverzichtbares Spurenelement.

Bibliografie

Für meine Recherchen zu den chemischen und physikalischen Prozessen beim Kochen und Backen habe ich auf die Werke eines der größten Lebensmittelchemiker zurückgegriffen, den ich während meiner Zeit an der Université Pierre et Marie Curie in Paris kennen gelernt habe:
This-Benckhard, Hervé: *Rätsel der Kochkunst – naturwissenschaftlich erklärt*, Springer 1996 (Tb. Piper 1998)

Lang ist die Liste der Kochbücher, die ich für dieses Buch durchgeblättert habe. Folgende »Küchenzauberer« haben selbst Schokoladenkuchen gebacken – immer und immer wieder. Ich habe mich von ihnen inspirieren lassen:

Andrieu, Julie, Pierre Hermé und Agnès Viénot: *Confidences sucrées*, Agnès Viénot Éditions 2007

Andrieu, Julie: *Schokomagie. 150 verführerische Rezepte mit Schokolade*, Dorling Kindersley 2010

Deseine, Trish: *Verrückt nach Schokolade*, AT Verlag 2003

Deseine, Trish: *Mehr Schokolade*, AT Verlag 2011

Magnier-Moreno, Marianne: *Mon cours de cuisine. La pâtisserie*, Hachette (Marabout) 2007

Magnier-Moreno, Marianne: *Backen nach Bildern. 70 Rezepte Schritt für Schritt*, Christian Verlag 2008

Glacier, Stéphane und Pierre Hermé: *La pâtisserie en toute simplicité*, Les éditions de L'IF 2002

Galloyer, Michel: *Chocolat et gourmandises*, Les éditions de L'IF, 2002.

Danksagungen

Die Rezepte in diesem Buch sind das Ergebnis vieler, vieler Versuche.
Nachdem die Idee zu diesem Buch geboren war, habe ich sie zwei Jahre lang getestet
und immer wieder von neuem ausprobiert, verbessert und perfektioniert.

Einige Freundinnen haben mich tatkräftig unterstützt, indem sie alte Rezepte ihrer
Großmütter ausgruben:

Juliette (www.juliettedanslacuisine.fr) – Königin des Fondants.
Garance (garancem.canalblog.com) – danke für Fudge mit Vollmilchschokolade.
Catherine – danke für den kinderleichten Schokotrüffel.
Und nicht zu vergessen Aurélie – danke für den schnellen Moelleux.

Und wenn die Kritiken von Augustin (www.micheletaugustin.co) mich zu
Freudesprüngen veranlasst haben, dann ist es ihm zu verdanken,
dass dieses Buch das Licht der Welt erblickte.

Es lebe die Schokolade!

Victoire Paluel-Marmont

Biochemikerin, Fachausbildung im Bereich der Lebensmittelindustrie
und Mutter von vier Kindern. Nachdem sie mit sechs Monaten zum ersten
Mal an einer Tafel Schokolade gelutscht hatte, zog sie sich mit vier Jahren
eine Küchenschürze über und unternahm ihre ersten eigenen Schritte in die
Welt der Schokolade. Begeisterte Köchin und Hobbybäckerin, fasziniert
von der Molekularküche und Liebhaberin jeder Art von Schokoladenkuchen.
In diesem, ihrem ersten Buch gibt sie ihre vielfach erprobten Kenntnisse
und Erfahrungen auf anschauliche und einfach nachvollziehbare Weise wieder.

Back- und Kochbücher aus dem AT Verlag

José Maréchal
Macarons
Originalrezepte, die sicher
gelingen. Mit Tipps und
Tricks vom Pâtissier

Trish Deseine
Mehr Schokolade!
100 sinnlich-süße
Verführungen

Trish Deseine
I love cake
Meine Lieblingsrezepte
für Kuchen, Torten und
Kleingebäck

Trish Deseine
Verrückt nach Karamell
100 sinnlich-süße Ver-
führungen

Leila Lindholm
Backen mit Leila
Meine Lieblingsrezepte für
Brot, Kuchen, Torten und
Gebäck

Leila Lindholm
Noch ein Stück
Kuchen, Brownies, Waffeln,
Eis, Brot, Pizza und Pasta

Annemarie Wildeisen/
Florina Manz
Heissgeliebtes Backen
130 Rezepte süß und pikant

Oliver Brachat
Cupcakes
50 neue Rezeptideen

Cathy Ytak
Brot
Herzhaft-knusprige Ver-
führungen. 120 Rezepte mit
und ohne Brotbackautomat

Donna Hay
Schnell, frisch, einfach
160 schnelle Rezepte, frische Aromen und einfache
Gerichte für jeden Tag

Donna Hay
Jahreszeiten
200 Rezepte – schnell
und unkompliziert

Donna Hay
Keine Zeit zum Kochen
Frische und leichte Rezepte
für Vielbeschäftigte

Claudia Seifert/Sabine Hans
Frische Frühlingsküche

Claudia Seifert/Sabine Hans
Leichte Sommerküche

Claudia Seifert/Sabine Hans
Herzhafte Herbstküche

Claudia Seifert/Sabine Hans
Wärmende Winterküche

Leila Lindholm
Kochen mit Leila
So wird jeder Tag zum Fest

Silvena Rowe
**Granatapfel,
Sumach & Zitrusduft**
Die schönsten Rezepte aus
der orientalischen Küche

Wolfgang Hübner
Michael Wissing
Zimt
Das duftende Juwel aus
Tausendundeiner Nacht
Anregendes, Geschichte
und Rezepte

Alice Hart
Verrückt nach Ingwer
80 süße Verführungen

Susanne Fischer-Rizzi
Das Safran-Kochbuch

Tanja Grandits
Aroma pur
Meine fröhliche Weltküche

Tanja Grandits
Alles klar
Im Glas gekocht – im Glas
serviert

Tanja Grandits
Eingemacht & Ausgepackt
Geschenke aus meiner
Küche

Douce Steiner
Cuisine Douce
Sterneküche für zuhause

Douce Steiner
Meine leichte Küche
Cuisine Douce

AT Verlag
Bahnhofstraße 41
CH-5000 Aarau
Telefon +41 (0)58 200 44 00
Fax +41 (0)58 200 44 01
E-Mail: info@at-verlag.ch
Internet: www.at-verlag.ch

Die Originalausgabe dieses Buches ist unter dem Titel
»Le Gâteau au Chocolat« 2010 bei Hachette, Paris,
erschienen. Copyright © 2010 Hachette Livre (Marabout).

Aus dem Französischen übersetzt von Kirsten Sonntag.

© 2012
AT Verlag, Aarau und München
Grafische Gestaltung: Alice Litscher
Druck und Bindearbeiten: Estella Graficas, Spanien
Printed in Spain

ISBN 978-3-03800-594-0

www.at-verlag.ch